# Corrado Augias

# I segreti d'Italia

Storie, luoghi, personaggi
nel romanzo di una nazione

 saggi

Pubblicato per

da Mondadori Libri S.p.A.
Proprietà letteraria riservata
© 2012 RCS Libri S.p.A., Milano
© 2016 Rizzoli Libri S.p.A. / BUR Rizzoli, Milano
© 2018 Mondadori Libri S.p.A., Milano

ISBN 978-88-17-07455-1

Prima edizione Rizzoli: 2012
Prima edizione BUR: 2014
Seconda edizione BUR Saggi: gennaio 2021

*Seguici su:*

www.rizzolilibri.it          /RizzoliLibri          @BUR_Rizzoli          @rizzolilibri

I segreti d'Italia

# Una prefazione, a suo modo

Vorrei cominciare con un episodio che forse conserva un suo significato. È un ricordo lontano ma impresso nella memoria con la nettezza che hanno gli eventi della prima giovinezza, specie se verificatisi in un momento epico. Villa Celimontana a Roma è un luogo bellissimo e non molto frequentato. Ha ingiustamente minor fama di villa Borghese o del Gianicolo ed è un peccato perché i viali cosparsi di rovine romane, i boschetti, il piccolo obelisco nascosto, la palazzina che ospita la Società Geografica, l'affaccio che fronteggia i resti giganteschi delle Terme di Caracalla, tutto contribuisce a farne uno di quei luoghi incantati che la città offre a chi sa scovarli, uno di quei luoghi non infrequenti a Roma dove canoni neoclassici e romantici si confondono diventando indistinguibili.

La villa sorge, come dice il nome, alla sommità del Celio, colle un tempo coperto di vigneti che nel XVI secolo la famiglia Mattei trasformò in un'oasi di giardini e di pace agreste. L'entrata principale è adiacente alla basilica di santa Maria in Domnica (o santa Maria alla Navicella) una delle antiche basiliche protocristiane tanto più belle di quelle del fasto barocco che avrebbero finito col dare alla città il suo connotato prevalente. La raccomando.

A partire dal giugno 1944, gli americani avevano istallato nella villa uno dei loro accampamenti. Ben recintata, incombente con un robusto muraglione su via della Navicella, alta sulla strada dato il declinare del colle, era fatale che la villa venisse scelta come luogo per dare un quartiere alle truppe. Tende, baraccamenti, l'immancabile asta con la bandiera a stelle e strisce, segnali dati con la tromba, tutto ciò che fa un campo militare. Quella bandiera è tra l'altro la prima che ho visto sventolare a mezz'asta. Mia madre mi spiegò il perché: «È morto il loro presidente», disse. Dunque doveva essere l'aprile 1945, il 12 di quel mese era morto Franklin Delano Roosevelt, l'uomo che aveva retto il Paese durante l'interminabile guerra.

Il ricordo che volevo evocare però è precedente e diverso. Era di domenica con un tempo né fresco né caldo, diciamo verso l'autunno del 1944 quando, finita l'occupazione, la città cercava di ricominciare a vivere. Mia madre mi conduceva per mano verso casa dopo aver fatto visita ad un'amica. Dalla sommità del muraglione si sporgeva un gruppo festoso di soldati americani, nelle loro belle divise con le piegoline che la stiratura lasciava in rilievo sulla camicia. Ero abituato ai nostri fanti con le fasce gambiere spesso allentate o cadenti, le uniformi di panno ruvido inutilmente pesante. Quelle camicie fresche di stiratura, le belle cinture di robusta tela color cachi, l'odore di sapone, di tabacco, di brillantina, mi sembravano il massimo dell'eleganza, anzi della vera ricchezza. Affacciati lassù, i soldati avevano l'aria di divertirsi molto. Lanciavano in strada delle sigarette estraendole una ad una dai pacchetti. Una sigaretta, un'altra sigaretta, senza fretta tra un tiro e l'altro. Ai piedi del muro un folto gruppo di giovanotti italiani; ad ogni tiro si gettavano gridando e spintonandosi verso il luogo dove la sigaretta sarebbe atterrata. Un po' gioco, un po' rissa, un po' contesa, tumulto. Mia madre attraversò la strada tirandomi via, forse mi voltai a guardare la scena; lasciandola poi giacere a lungo in qualche recesso della mente.

Molti anni dopo, sempre di domenica, portai mia figlia allo zoo. Davanti a una delle gabbie alcune persone anch'esse festose tiravano le noccioline alle scimmie. L'assonanza dei gesti fece emergere il ricordo lontano. Non che paragonassi in alcun modo i poveri giovanotti romani del '44 alle scimmie. Il ricordo emerse perché la divisione dei ruoli poggiava su atteggiamenti simili: un misto di divertimento e complicità, gioco e contesa, da una parte e dall'altra.

Ancora più avanti negli anni, lavorando sulla storia di Roma, mi caddero sotto gli occhi alcuni versi magnifici contenuti nel libro VI dell'*Eneide*. Enea ha incontrato l'ombra di suo padre e tenta invano di abbracciarla. Anchise gli spiega la teoria dei cicli che regge l'universo, profetizza i grandi uomini che nasceranno dalla sua discendenza; aggiunge che altri popoli avranno gloria con le arti e le scienze. I romani invece governeranno il mondo grazie alla sapienza delle leggi: *Tu regere imperio populos, Romane, memento (hae tibi erunt artes) pacique imponere morem, parcere subiectis et debellare superbos*; tu, o Romano, ricorda di governare i popoli con il tuo imperio e che queste saranno le tue arti: imporre le usanze della pace, risparmiare i vinti, debellare i superbi.[1]

Gli americani sicuramente ci risparmiarono, dopo l'insensata guerra che gli avevamo mosso in un momento di sconsiderata demenza. Nel mio ricordo però, quegli spensierati militari, annoiati dal dover passare la domenica nell'accampamento invece che in giro per la città a cercare ragazze con le loro belle camicie fresche di stiratura, avevano trovato un modo forse nemmeno consapevole di far vedere con qualche sigaretta chi aveva davvero vinto la guerra e chi l'aveva persa nonostante l'ambigua posizione di «Alleati» dell'ultim'ora.

*Parcere subiectis* certo, ma con i «*subiecti*» ci si può anche divertire un po'.

«Segreti» è una parola impegnativa, «segreti d'Italia» poi non ne parliamo, con tutto quello che è successo in questo Paese in tanti secoli. Non basterebbe una biblioteca a raccontarli, basta pensare ai cento enigmi del solo Novecento quasi tutti insoluti. Nel nostro caso però la parola «segreti» va spogliata di una parte della sua enfasi e ridotta nelle dimensioni. Tra quelli, innumerevoli, della storia italiana se ne può scegliere uno, che è il segreto dei segreti e si può riassumere così: perché le cose sono andate come sono andate? Perché la storia della Penisola ha conosciuto così numerosi contorcimenti e passioni e sventure e occasioni mancate? E perché, al contrario, questo lembo di terra gettato di sghembo in mezzo al Mediterraneo lungo un confine pericoloso e ambiguo tra Balcani, Nordafrica, Europa, è stato popolato come pochi altri da una tale quantità di geni? Che cosa fa dell'Italia un Paese così speciale che da sempre ha attirato l'attenzione degli stranieri, talvolta ammirata talaltra ostile o irridente? Perché in altre parole il «romanzo della nazione» è così movimentato e controverso? La posizione dell'Italia nelle quotazioni internazionali fluttua come le Borse nei momenti difficili: può salire molto ma anche scendere molto.

I primi responsabili di queste incertezze sono gli italiani stessi che non sempre hanno ben chiaro il loro possibile ruolo. Chi sono gli italiani? Gli emigranti che sbarcavano in terre lontane con un sacco di stracci sulle spalle? Quelli che accettavano di fare, per quattro soldi, i lavori più umili e pericolosi? Oppure i brillanti architetti, i grandi stilisti, gli artisti sommi che si sono imposti all'ammirazione del pianeta? Non esiste un altro popolo – quanto meno non in Europa – che abbia toccato estremi così lontani. Questo è il nostro vero segreto che racchiude (quasi) tutti gli altri. C'è un metodo per tentare di descriverlo?

L'Italia è un Paese fatto di città. Grandi e piccole, gloriose o oscure, tutte però degne di attenzione se non altro per il carico di passato che custodiscono, qualcuno dice addirittura l'eccesso di passato. Se si toglie Parigi alla Francia e Londra alla Gran Bretagna, non resta granché. Se invece si toglie Roma all'Italia resta moltissimo. Infatti, all'interno del romanzo di un'intera nazione ci sono i cento romanzi delle sue cento città, romanzi non solo come metafora ma in senso proprio, cioè le storie raccontate attraverso vicende e personaggi della letteratura.

Il nostro viaggio comincia, anche per questo, con due libri eccezionali centrati su protagonisti che hanno profondamente segnato l'immaginario degli italiani. Sono pagine di storia? In senso tecnico no; ma forse sono ancora più importanti perché quei tipi umani sono eterne figure di italiani possibili; continuano ad aggirarsi tra noi ed è possibile incontrarli quasi ogni giorno, in autobus o nelle cronache dei giornali.

Su Roma e Milano, le due capitali, si è scritto molto; difficile dunque trovare un aspetto che non sia stato ampiamente esaminato. Non impossibile, però. Le grandi città sono immensi depositi di storie, posti dove anche i muri parlano. Roma sarà Giacomo Leopardi a raccontarla come la vide, lui che era ospite nella vasta e malandata dimora dei parenti di sua madre, in quegli anni tristi della Restaurazione, quando il governo del papa aveva ripreso fiato dopo le rivoluzioni di fine secolo e un grande poeta come Giuseppe Gioachino Belli, irridente e blasfemo, faceva per campare il censore pontificio. Milano, al contrario, è raccontata da una prospettiva che potrebbe sembrare marginale e non lo è, in un fermo-immagine subito dopo il 1945 quando i milanesi, e gli italiani in generale, furono capaci di far emergere, da lutti e rovine, uno slancio che avrebbe cambiato per sempre la fisionomia del Paese e un po' anche il loro carattere. L'energia, la visione di quegli anni appaiono incredibili alla luce della mediocrità opaca, lo sguardo corto, la rassegnazione di questo inizio del XXI secolo. Invece ci furono, sia l'energia sia la visione. Con abiti logori indosso, magri da far paura, si ricostruì tutto insieme: le case, le fabbriche, la cultura, l'edificio civile con il miracolo della Costituzione.

Poi c'è l'esteso territorio che una volta si chiamava Regno delle Due Sicilie e che dopo il 1861 è diventato il Mezzogiorno. In quelle pagine è possibile che il lettore trovi alcune autentiche sorprese. Per esempio leggendo i resoconti, e le inchieste parlamentari successive all'unificazione, quando ufficiali e funzionari piemontesi, arrivati laggiù, si chiedevano, senza nascondere la loro angoscia, quale impegno ci sarebbe voluto, e quante risorse, per risollevare le disperate condizioni di quelle terre. In occasione del 150° anniversario dell'Unità nazionale, alcuni libri d'impostazione per dir così «sudista» hanno raccontato la storia che i piemontesi prelevarono l'ingente tesoro di Stato depositato nelle banche del Meridione per trasferirlo al Nord; così facendo condannarono quella parte del Paese al sottosviluppo. Se la vicenda è vera, certo è di eccezionale gravità. Ma la gravità c'è da qualunque parte la si guardi. Disporre di un ingente tesoro di Stato e mantenere la popolazione nelle condizioni terribili in cui si trovava all'arrivo di Garibaldi, con un analfabetismo che toccava punte dell'87 per cento, non è certo meno grave dell'eventuale trasferimento delle risorse a Torino.

Prendiamo una città come Parma che si direbbe baciata dalla fortuna per posizione geografica, reddito, qualità dei suoi prodotti. Invece è oscuramente minata dalle vicende quasi folli degli ultimi anni. Prima la Parmalat, una delle sue aziende maggiori e più redditizie. Solo una ventata d'incontrollata pazzia poteva travolgere in tale misura e in modo così «ingenuo» il suo fondatore. Poi è arrivata un'amministrazione cittadina al di sotto di ogni valutazione, retta da un bellimbusto spensierato fino all'incoscienza, per tacere della diffusa corruzione e dei soldi gettati al vento. Qui la vena di pazzia non è stata limitata ad un solo individuo e ad alcuni suoi familiari, ma a un numero di cittadini sufficiente ad eleggere quel sindaco. Per reazione, è seguita un'amministrazione forse innovativa, forse solo eccentrica che ha cominciato la sua vita con uguali probabilità di diventare un modello di futuro o una rovinosa illusione. Eppure Parma ha nel suo passato personaggi e vicende che ne hanno fatto una delle più affascinanti piccole regge europee, un luogo mitico dello spirito come ben capì Stendhal dando vita a Fabrizio del Dongo, uno dei protagonisti della letteratura mondiale. Ancora una volta sono pagine di quel livello a darci un possibile ritratto della città idealizzata.

Il modo in cui è caduta la «Serenissima» repubblica di Venezia è dolorosamente esemplare; in uno di quei momenti di pessimismo dettati dagli avvenimenti, si potrebbe essere tentati di farne un modello dell'intera vicenda italiana, l'incapacità di superare gli egoismi di casta, il piccolo orizzonte degli interessi immediati che non si è riusciti ad estendere nemmeno nei momenti peggiori della crisi. Venezia fu giocata ai dadi da Napoleone, ceduta all'Austria in una partita di giro che aveva all'attivo la fondazione della Repubblica Cisalpina. È possibile che valutato nei tempi lunghi quel baratto acquisti una lungimiranza, diventi quasi una premessa della finale unificazione, non è questo l'aspetto peggiore. Il peggio è il modo in cui la cessione, o tradimento, avvenne: quel doge spaurito, quella nobiltà cittadina senza nerbo, quel popolo impotente, e poi gli ordini contraddittori, l'inerzia, la fuga come in altri momenti della storia: il 24 ottobre 1917, l'8 settembre 1943. Le pagine di Ippolito Nievo nel suo grande romanzo *Le confessioni di un italiano* sono molto eloquenti, restituiscono con terribile precisione la dimensione anche umana del disastro.

Per Palermo il discorso è diverso, perché ogni città italiana ha vissuto la sua storia e quella di Palermo è stata fatta da un mare molto lontano da quello dell'alto Adriatico. Non parlo della Palermo della mafia e degli attentati di cui sono piene le cronache, il vero interesse sta nelle vicende antiche della città che anticipano il suo presente, nella vena di follia che – ancora una volta – vi si può vedere, a cominciare da quei suoi nobili che si aggiravano in residenze sfarzose e cadenti, sperperando i loro patrimoni nel gioco o dietro ballerine, canzonettiste, *demi-mondaines*, capricciosi come bambini. Qui la «follia» supera la dimensione individuale, trova una spiegazione in quella «corda pazza» dei siciliani di cui tanti hanno scritto da Pirandello a Sciascia.

Palermo è una città intrisa di una religiosità cupa, spagnolesca, oppure sfrenata, con tradizioni conservate così a lungo da esser diventate parte dell'identità collettiva, trasformate in una seconda natura. Ernst Bloch ha scritto che ci sono Paesi dove si può trovare un «eccesso di passato». «Oltre a ciò che del passato è finito c'è un'eccedenza non ancora esaurita di *futuro* nel *passato*», scrive Bloch. Non pensava certo a Palermo, ma la sua ipotesi si può applicare benissimo alla capitale siciliana tanto questo «eccesso di passato» è visibile in città.

Tra le numerose prove di quali e quanti siano gli intrecci che legano nelle profondità della storia le varie città della Penisola, basta pensare che quando il grande Federico II («Stupor mundi») perse a Parma una battaglia decisiva (1248) i parmigiani s'impossessarono del suo harem che lo seguiva ovunque, spartendosi le trecento concubine che ospitava. Erano arrivate a Palermo da tutta Europa le concubine dell'imperatore; finirono a Parma.[2]

I pochi versi di Virgilio citati sopra hanno a che fare con il metodo con cui sono raccontate le storie di questo libro. Ho mescolato spesso la Storia realmente accaduta con le storie della letteratura. Anche se tessuta di fantasie, quest'ultima riesce a potenziare la realtà, dimostra anche in questo la sua vera forza. Attilio Brilli, grande esperto di letteratura di viaggio, nel libro *In viaggio con Leopardi*, sostiene che la pagina scritta può diventare uno strumento per muoversi anche nel tempo: «[La pagina] può diventare il miglior passaporto per noi che viaggiamo in un mondo privo di differenze, appiattito sul nulla. Visitare un luogo significherà allora andare al di là delle apparenze, delle ovvietà, per ascoltare l'eco delle ricordanze che vi si sono addensate, leggendolo quindi con i nostri occhi e simultaneamente con gli sguardi lontani di chi ci ha preceduto da tempo, con le loro preferenze, i loro gusti, in un gioco affascinante di sdoppiamenti e ricomposizioni».[3] Il nome di Giacomo Leopardi cade a proposito come si vedrà bene nel capitolo su Roma. Il poeta viaggiò parecchio, lui così cagionevole, sballottato per giorni in quelle scomodissime carrozze, su strade infami. Nel suo muoversi lo accompagna uno scontento per il quale conosce un solo rimedio. Il 23 luglio 1827 scrive:

Cangiando spesse volte il luogo della mia dimora, e fermandomi dove più dove meno o mesi o anni, m'avvidi che io non mi trovava mai contento, mai nel mio centro, mai naturalizzato in luogo alcuno, comunque per altro ottimo, fintantoché io non aveva delle rimembranze da attaccare a quel tal luogo, alle stanze dove io dimorava, alle vie, alle case che io frequentava; le quali rimembranze non consistevano in altro che in poter dire: qui fui tanto tempo fa; qui, tanti mesi sono, feci, vidi, udii la tal cosa; cosa che del resto non sarà stata di alcun momento; ma la ricordanza, il potermene ricordare, me la rendeva importante e dolce.[4]

Le «rimembranze», eccolo il punto di riferimento che gli serve per non perdersi in una dimensione incontrollabile. I ricordi e le fantasie che lui chiama «finzioni» o «illusioni». Nel 1828, quando ha trent'anni, annota nello *Zibaldone* questo pensiero:

All'uomo sensibile e immaginoso, che viva, come io sono vissuto gran tempo, sentendo di continuo ed immaginando, il mondo e gli oggetti sono in certo modo doppi. Egli vedrà cogli occhi una torre, una campagna; udrà cogli orecchi un suono d'una campana; e nel tempo stesso coll'immaginazione vedrà un'altra torre, un'altra campagna, udrà un altro suono. In questo secondo genere di obbietti sta tutto il bello e il piacevole delle cose.[5]

In questo senso le fantasie aiutano a vedere meglio la realtà, possono utilmente trasformare la storia in romanzo non per confondere le idee ma per chiarirle.

Nel 2008 è uscito un Meridiano Mondadori dedicato agli scrittori italiani di viaggio (periodo 1700-1861) con una bella prefazione di Luca Clerici. Vi ho trovato alcuni curiosi punti di vista. Per esempio le avventure di Vincenzo Coronelli (1650-1718) personaggio bizzarro, frate francescano ma anche cartografo ed enciclopedista. Una delle sue imprese fu, tra il 1681 e il 1683, la costruzione di due immensi mappamondi per Luigi XIV, il re Sole, eseguita a Parigi dove l'indomito frate si era appositamente trasferito. Nel primo globo, del diametro di quasi cinque metri, è riprodotto il nostro pianeta con le terre emerse allora conosciute. Il secondo rappresenta la volta celeste con una raffigurazione delle costellazioni al momento della nascita del re. I due ingegnosi manufatti, che hanno un peso complessivo di circa quattro tonnellate, fanno oggi parte delle collezioni della Bibliothèque nationale de France. L'irrequieto frate fa una considerazione interessante sull'utilità dei viaggi che servono, scrive, per conoscere il «Genio delle nazioni, le loro leggi, le loro manifatture, i loro usi».[6] Ecco dunque una delle possibili utilità: aprirsi ad altre esperienze o, come preferiamo dire oggi, ad altre culture.

Di parere diverso Ippolito Pindemonte che nel sermone satirico *I Viaggi* si professa convinto sostenitore della stanzialità: «Oh felice chi mai non pose il piede / fuor della terra, nel cui grembo nacque!». Ma c'è anche Carlo Silvestri, nobile rovigotto, autore di un'opera dal chilometrico titolo *Istorica e geografica descrizione delle antiche paludi Adriane, ora chiamate Lagune di Venezia, e del corso di que' fiumi, che in varj tempi hanno contribuito al loro interramento* (e poi c'è il sottotitolo), dedicata al vescovo di Adria. Egli si confessa incline ai viaggi purché ben mirati e ostile invece a coloro i quali: «Sudano, e si affaticano con grandissima applicazione per aver notizia [...] dell'Indie, del Giapone, della Nuova Zembla, delle Terre Australi, e finalmente de' luoghi forse più favolosi che cogniti, né si curano (con gravissimo disordine, e incuria) di sapere le vicende, e gli accidenti occorsi alla loro Patria; talmente di questa non sanno render conto veruno, come se fossero interrogati d'un Paese incognito, e situato negli spazi immaginari della Luna».

Ecco dunque nelle parole del dimenticato Silvestri un'altra idea apprezzabile del viaggio, anzi del «vero viaggio di scoperta» il quale, come scrive Proust nel suo grande romanzo: «Non consiste nel cercare nuove terre, ma nell'avere nuovi occhi». Il vero viaggio insomma si colloca a cavallo tra fantasie e realtà e non è detto che la cosiddetta realtà sia sempre l'aspetto più importante. In Italia, come dicevo più sopra, il passato ha una tale importanza (un tale peso, dicono alcuni) da poterne raramente prescindere se si vuole davvero tentare di capire.

Ho fatto un giro piuttosto lungo e un po' tortuoso, al termine del quale torno alla domanda iniziale sui «segreti». Questo libro racconta alcuni luoghi, personaggi, tipi umani, momenti, reali o immaginati, presi dalle cronache e dalla letteratura. Ce ne potrebbero certo essere altri, i racconti potrebbero essere due o tre o cento volte più numerosi. La storia italiana è di una tale (drammatica) ricchezza che di esempi come quelli che si trovano in queste pagine ce ne sono a iosa. Migliaia di anni, milioni di protagonisti, decine di eserciti, centinaia di città, intere civiltà nate e morte in questo esiguo territorio, «il bel paese / ch'Appennin parte e 'l mar circonda e l'Alpe»,[7] per dirla con Petrarca. Le scelte dunque sono state personali, cioè arbitrarie. Sono state suggerite da impressioni, ricordi, letture giovanili. L'unico criterio diciamo oggettivo è stato un certo equilibrio geografico tra Nord, Centro e Sud in un Paese così lungo e stretto.

Non basta guardarla com'è oggi l'Italia; per cercare di capire bisogna ricordare anche le molte vicende del suo passato, la dimensione immaginaria degli eventi, le sue «chimere» in un viaggio che si muove dunque nello spazio ma anche nel tempo.

# Gli italiani visti da fuori

George Gordon Byron giunge a Pisa nel novembre 1821, soggiornando a palazzo Lanfranchi, sul Lungarno e subito si inserisce nella cerchia colta ed eccentrica che ruota intorno ai coniugi Shelley, a cui si uniscono anche Teresa e Pietro Gamba; il tempo trascorre sereno tra l'attività letteraria, le lunghe cavalcate, il tiro a segno in una proprietà fuori Pisa; scrive a J. Murray, nel dicembre 1821:

> Mi sono insediato in un famoso vecchio palazzo feudale sull'Arno – abbastanza grande per una guarnigione – con segrete sotto – e celle nei muri – e così pieno di fantasmi che il dottor Fletcher (il mio valletto) ha chiesto di poter cambiare la sua stanza – e poi si è rifiutato di occupare quella nuova – perché c'erano più fantasmi che nell'altra. – È verissimo; – che ci sono i rumori più straordinari (come in tutti gli edifici vecchi) che hanno terrorizzato i servi a tal punto – da essermi di grave disturbo.

Un fantasma s'è aggirato a lungo, e continua ad aggirarsi, nelle coscienze degli italiani: il modo in cui possono, come popolo, essere giudicati dall'esterno, come gli stranieri possano considerarli, e descriverli. Gli italiani abitavano la lunga Penisola da tempo, ben prima che il Regno d'Italia fosse proclamato. A voler essere rigorosi e un po' provocatori, la profezia di Massimo d'Azeglio potrebbe essere rovesciata: erano gli italiani, non l'Italia, ad essere già fatti – dunque ciò che restava da mettere insieme non erano loro, gli italiani, ma per l'appunto l'Italia.

L'occhio esterno posato sugli abitanti della Penisola s'è sempre reso conto di questa realtà, ha saputo cogliere certe costanti di comportamento all'interno di una realtà geografica e di costume che appariva frastagliata, contraddittoria, anche affascinante per certi aspetti, ma repulsiva per altri. Un divario così ampio tra un polo molto positivo e uno molto negativo da essere praticamente unico in Europa. Nessun altro popolo aveva mai ricevuto giudizi tanto contrastanti anche perché nessun altro popolo si era giudicato da sé in modo così contrastante.

Il modo in cui gli stranieri hanno visto gli italiani è insomma per buona parte la conseguenza del modo in cui gli italiani hanno visto se stessi. Cose che succedevano un tempo ma continuano ad accadere anche oggi, come dimostra il fatto che i giudizi che di tanto in tanto una qualche «autorevole» pubblicazione straniera dà sull'Italia si fanno in genere in base a valutazioni analoghe già lette sui giornali italiani.

Alcuni anni fa, gli studenti dell'università americana di Princeton, richiesti di definire il temperamento italiano, hanno scelto con larga maggioranza questi tre aggettivi: *artistic, impulsive, passionate*. L'inchiesta di psicologia sociale di cui la risposta fa parte rimonta a quasi trent'anni fa, non credo però che da allora il giudizio sia cambiato anche perché non trenta ma duecento anni fa il giudizio era più o meno lo stesso; in qualche caso addirittura peggiore nel senso che l'impulsività e la passione li si applicava per lo più al delitto, al tradimento, alla corruzione. Ho già citato questi dati in un mio libro precedente e torno a farlo ora perché la loro validità è confermata, per ciò che può valere, anche dalla mia esperienza di alcuni anni vissuti all'estero; quegli aggettivi, o altri analoghi, li ho sentiti ripetere innumerevoli volte. Il professor Lucio Sponza, un economista veneziano che insegna in Inghilterra, ha studiato a lungo il modo in cui si è formata, e con quali risultati, l'immagine dell'Italia in Gran Bretagna.

Una possibile sintesi è: «Da una faccia della medaglia c'è l'"Italia", il Paese della bellezza e della cultura; dall'altra faccia ci sono gli "italiani", una razza geniale ma corrotta, inaffidabile e licenziosa».[1] Il giudizio racchiude chiaramente un luogo comune come dimostra la sua radicale contraddizione interna: come sia possibile che un popolo così «corrotto, inaffidabile e licenzioso» sia riuscito a creare una tale tradizione non semplicemente di bellezza ma di una bellezza armoniosa, coerente, affabile. La forza dei pregiudizi però è proprio nella capacità di prescindere da ogni coerenza per obbedire solo al bisogno di riassumere in un giudizio, brutale che sia, una somma disparata di impressioni. Mario Praz, uno dei nostri massimi anglisti, riferisce nel suo saggio *Scoperta dell'Italia* come ci descrivevano, sul finire del Settecento, alcuni scrittori inglesi:

> Gl'italiani del popolo come sporchi, indolenti, criminosi; quelli delle classi alte poveri, scortesi e universalmente adulteri, plebe e aristocrazia superstiziose e abiette di fronte ai tiranni. I veneziani pugnalavano a tradimento alla minima provocazione, i napoletani erano per natura diabolici, e così via. Il tipo di devozione religiosa italiana soprattutto irritava gl'inglesi di quest'epoca.[2]

I viaggiatori che rientravano in Inghilterra dal Grand Tour in Italia riferivano unanimi che la Penisola si presentava come un immenso museo in rovina, popolato da gente miserabile e viziosa che si affollava rumorosamente nelle strade vivendo in pratica all'aperto grazie alla clemenza del clima, ricoperta di cenci o seminuda, del tutto inconsapevole delle glorie passate. Questa visione che ispirava un misto di fascino e di orrore era particolarmente frequente nelle terre del papato e del Mezzogiorno descritte come le più misere, abitate da popolazioni indolenti, spesso fameliche, veloci solo nell'uso del coltello.

Uno dei più avvincenti romanzi del genere gotico è quello scritto da Ann Radcliffe che condensa già nel titolo i principali elementi della trama: *The Italian or the Confessional of the Black Penitents*, l'Italiano, ovvero il confessionale dei penitenti neri. L'azione comincia nell'anno 1764 in un convento nei dintorni di Napoli avendo come sfondo sinistro il tribunale dell'Inquisizione. La trama gira intorno alla misteriosa figura del monaco Schedoni e di due infelici amanti, Elena Rosalba e Vincenzo di Vivaldi. Cupe avventure, atmosfere torbide, peccati, tradimenti, delitti. Schedoni veste sempre di nero, ha un cappello a tese larghissime che quasi nasconde «gli occhi semiaperti, sintomo di tradimento, saettanti di tanto in tanto». Già alla fine del Settecento troviamo in un romanzo di successo il modello dell'italiano traditore, che avrà notevole diffusione non solo nella letteratura ma anche nella cronaca e che del resto la politica estera attuata da vari governi succedutisi nel tempo ha di fatto rafforzato.

Trovo in un vecchio appunto nel quale non compaiono purtroppo i riferimenti, ciò che scrisse un critico inglese ritengo verso la fine del XIX secolo: «I monasteri come sadiche prigioni, i confessionali come ricettacoli dove si ordiscono tenebrosi complotti».[3] Anche a causa della sua religiosità chiassosa e pagana (così l'hanno sempre vista gli inglesi) l'Italia diventa scenario prediletto per storie piene di fatti orribili, congiure, imbrogli, spietati assassini. Ancora Praz: «Questi scandali, con tutta la tenebrosa atmosfera concomitante, non potevano non ritornare all'ordine del giorno con i romanzi "neri" di cui Horace Walpole aveva dato una ricetta nel *Castle of Otranto* (1765), ricetta che Mrs. Radcliffe perfezionerà verso la fine del secolo saccheggiando i viaggiatori per le descrizioni pittoresche del paesaggio italiano, e il dramma

elisabettiano pel ritratto del sinistro italiano machia-
vellico».[4]

Un grande poeta romantico come Percy Bysshe
Shelley, uomo di raffinatissima sensibilità, in una
delle sue lettere dall'Italia scriveva: «Gli uomini li
puoi a stento definire tali, sembrano piuttosto un
branco di stupidi e grinzosi schiavi». Quanto alle
donne: «Sono forse le più disprezzabili di quante ne
esistano sotto la luna, le più ignoranti, disgustose, bi-
gotte, sporche». Giudizi certamente eccessivi pur tenendo conto che l'autore aveva sotto gli occhi le miserevoli condizioni degli italiani d'allora.

Lo scrittore svizzero Charles Victor de Bonstetten
(1745-1832), interessato a vari aspetti della cultura
europea, scrisse tra le altre sue opere un saggio intitolato *L'homme du midi et l'homme du nord* (1824). Una
delle idee centrali di quelle pagine è che l'uomo del
Nord, costretto in casa o comunque in luoghi chiusi
da un clima rigido e inclemente, risulta maggiormen-
te incline alla riflessione, ad un calmo equilibrio e, sul
piano collettivo, ad organizzare in modo armonioso la
sua vita sociale. L'uomo del Sud al contrario, circondato da un clima paradisiaco, da una natura benevola,
solare, mite (non a caso si canta: *Chist' è 'o paese d'o
sole*) si trasforma a lungo andare in una «mosca leggera che vive alla giornata del nettare dei fiori di cui è
coperta la terra che abita».

Nella visione piuttosto ingenua di Bonstetten
«Sud» è tutto ciò che sorge al di sotto delle Alpi, per
cui l'italiano diventa un modello unico, nel quale sono
scomparse le classi sociali così come le diversità geo-

grafiche e professionali. Lo scrittore svizzero partecipa insomma di quel pregiudizio largamente diffuso nell'Ottocento che considera l'Italia solo per il clima, il «paesaggio», le sue affascinanti «rovine» che diventano lo schermo di un passato idealizzato quando non viene ridotto a uno «sfondo pittoresco» per qualche acquerello. Gli italiani che vivono in quei luoghi esistono solo come misura antropologica, per il resto sono considerati una realtà fastidiosa, e anzi un possibile ostacolo alla contemplazione d'una straordinaria scenografia fatta di natura e di cultura. Tra i cento esempi possibili di un trasfigurato realismo del paesaggio italiano, basta pensare ai dipinti di Jean-Baptiste Camille Corot (1796-1875) nei quali una natura lussureggiante e nello stesso tempo aspra ha per sfondo una qualche imponente rovina dell'età classica. Sono le mura e gli archi, le colonne, i simulacri e l'erme torri di cui parla Leopardi, ormai separate da ogni possibile «gloria». Per più di un secolo quella è tutta l'Italia che gli occhi del visitatore straniero sono capaci di cogliere.

Del resto perfino Marcel Proust scrisse una volta, di ritorno da un viaggio in Italia, che «la vera terra dei barbari non è quella che non ha mai conosciuto l'arte, ma quella che, disseminata di capolavori, non sa né apprezzarli né conservarli». Poche righe che riprendono, sia pure da una diversa prospettiva, la stessa condanna ripetuta innumerevoli volte in altrettanto innumerevoli opere saggistiche e letterarie.

Marie-Henri Beyle, questo il vero nome di Stendhal, in una breve annotazione contenuta in una delle sue

*Passeggiate romane* approfondisce la diagnosi nel senso che individua una delle possibili cause di una tale inadeguatezza. Scrive: «Abbiamo appena incontrato due giovani romani in compagnia delle loro donne e delle famiglie che, a bordo di una carretta, rientravano da una giornata di passatempi a Monte Testaccio. Tutti cantavano, gesticolavano, sembravano assolutamente pazzi, uomini e donne. Non c'era ubriachezza fisica in loro ma una specie di ebrietà morale al più alto grado».

Giudizio durissimo di «ubriachezza morale» che viene da uno scrittore che peraltro amava l'Italia, apprezzava l'animo appassionato dei suoi abitanti, vedeva nel loro comportamento l'applicazione spicciola di una visione «romantica» nella quale riusciva a far rientrare perfino i tanti delitti e la propensione all'intrigo di cui gli italiani sembravano dar prova. La vista di quelle due giovani coppie preda di un'allegria scomposta gli fa pronunciare un giudizio tagliente come un colpo di lama; la sua reazione immediata coglie l'aspetto più deplorevole, più primitivo, dell'animo italiano, causa non secondaria di molte delle loro sventure. Stendhal la definisce «ebrietà morale», in realtà potrebbe trattarsi di una caratteristica più pericolosa dal momento che, al contrario dell'ubriachezza che prima o poi passa, molti osservatori tendono a considerare permanente quella condizione. Non pochi sono stati portati a definirla leggerezza dello spirito, apparente fatuità, predilezione per la scorrevole superficie delle cose, per gli aspetti piacevoli del vivere ai quali tutto viene ricondotto comprese la religione, la vita sociale, gli spassi. È quel modo di far trascorrere il tempo, compreso quello della politica, che Federico Fellini ha racchiuso in un film geniale fin dal titolo: *La dolce vita.*

Sono le stesse caratteristiche che nel corso della storia hanno reso tante volte gli italiani feroci ma non altrettanto coraggiosi, pronti più alla rissa che alla guerra, alla sommossa e al tumulto ma non alla rivoluzione, al gesto repentino e audace più che all'ostinata tenacia d'una lunga lotta. È «il divertimento scompagnato da ogni fatica dell'animo» così prontamente intuito da Giacomo Leopardi.

In un capitolo del suo romanzo *Doctor Faustus*, Thomas Mann, dissimulato sotto i panni del letterato che sta raccontando la storia, gioca sulle stesse corde dando un giudizio molto netto sulle differenze tra il popolo italiano e quello tedesco. Nella traduzione di Ervino Pocar suona così: «Con molto sbalordimento abbiamo saputo dello sbarco di truppe americane e canadesi sulla costa sud-orientale della Sicilia». Il narratore prosegue affermando di aver anche saputo «con un misto di spavento e di invidia» che gli italiani tirando le conseguenze da una serie di ripetute perdite e sconfitte si sono sbarazzati del loro «Grand'uomo» per concedere poco dopo al mondo «ciò che si pretende anche da noi e che la profonda miseria ci renderebbe troppo caro concedere: cioè la resa incondizionata». Arriva dopo questa premessa la conclusione del ragionamento che spiega perché, secondo Mann, gli italiani hanno potuto fare ciò che ai tedeschi sarebbe impossibile:

Noi siamo infatti un popolo tutto diverso, un popolo dall'anima potentemente tragica, contrario alle cose prosaiche e consuete, tutto il nostro amore va al destino, un destino pur che sia, magari la rovina che infiamma il cielo con la rossa vampa di un crepuscolo degli Dei![5]

La dimensione tragica è esattamente quella che è mancata nella storia degli italiani e non perché non abbiano conosciuto vere e grandi tragedie, che anzi sono state parecchie, ma perché non ne è stato colto lo spirito o quanto meno perché le circostanze tragiche non hanno mai dato vita a una durevole memoria.

Non è detto che la vocazione tragica dei tedeschi sia davvero una qualità e non è detto che sia solo un difetto la capacità italiana di adattarsi agli eventi, a costo di dare di sé un'immagine debole, sentimentale o, al contrario, cinica. Dipende dal punto di vista che si sceglie: il senso imperativo del dovere o la dolcezza del vivere.

Dove però questo atteggiamento che ha sempre colpito, e qualche volta sedotto, gli osservatori stranieri diventa pericoloso è in guerra. La fama di Caporetto che risuona ancora oggi quando si parla del comportamento degli italiani non sarebbe durata tanto se non poggiasse sul diffuso luogo comune del loro scarso coraggio. A Caporetto si potrebbe opporre El Alamein poiché in quelle buche scavate nella sabbia, quasi senza logistica, con poche armi, i soldati italiani ebbero un comportamento eroico. Ma la forza dei luoghi comuni è nel loro essere indimostrabili e insormontabili. Il cancelliere tedesco Helmut Schmidt disse una volta che i carri armati italiani hanno quattro marce come gli altri; però una è avanti e le altre tre indietro. Winston Churchill a proposito della disgraziata guerra di Grecia voluta da Mussolini disse: «L'ultimo esercito d'Europa ha battuto il penultimo». Il comandante inglese della spedizione aeronavale nelle Falkland-Malvinas a chi gli chiedeva un pronostico sull'imminente scontro con gli argentini rispose: «Se sono di origine spagnola resisteranno, se di origine italiana fuggiranno». El Alamein fu la dimostrazione del contrario ma non conta. Ancora il 23 gennaio 2012 Jan Fleischhauer, editorialista online del settimanale tedesco «Der Spiegel» ha scritto a proposito del disastro all'isola del Giglio: «Vi sorprendete che il comandante della *Concordia* fosse un italiano?». Per poi arrivare da lì alla crisi dell'euro che era il suo vero obiettivo: «La crisi della valuta dimostra ciò che può succedere quando per motivi politici si ignora la psicologia dei popoli».

Molti anni fa a Strasburgo ho udito Wolfgang Schäuble, che era allora ministro (democristiano) nel governo del cancelliere Helmut Kohl, dire con convinzione (cito a memoria): noi tedeschi abbiamo bisogno dell'Europa, noi dobbiamo far parte di una struttura sopranazionale che sia in grado di tenere a freno il demone che di tanto in tanto scuote il nostro popolo.

Gli italiani non si sono mai rappresentati come un popolo tragico perché sono consapevoli di essere fatti di una diversa pasta. A noi la tragedia non piace e non a caso di tragedie in Italia, a parte il volenteroso Alfieri, non ne sono mai state scritte. Per un curioso paradosso Shakespeare e gli altri elisabettiani, come diceva Praz, alimentano le loro tragedie con materiale preso dalle cronache italiane, rilette però attraverso il loro metro e la loro ottica. «L'ora è fuggita, io muoio disperato», grida poco prima di morire il pittore Mario Cavaradossi nella *Tosca*. Ma il suo grido è un canto e non basta il vibrante patetismo pucciniano per dare alla sua disperazione lo spessore di una vera tragedia.

Senza acredine politica e solo per completezza diciamo antropologica, aggiungerei che in nessun altro Paese al mondo un capo del governo avrebbe osato presentarsi in pubblico con il volto tirato dal chirurgo, coperto da cerone cinematografico, i capelli finti, i tacchi ortopedici. Una maschera da melodramma o da comico di avanspettacolo che ovunque nel mondo l'avrebbe fatto precipitare nel ridicolo. In Italia gli ha assicurato a lungo la vittoria.

I brevi mesi della Repubblica Sociale italiana, quelli del fascismo morente di Salò, sono stati un concentrato di tragedia. Mussolini ridotto a uno spettro ormai in mano ai suoi guardiani nazisti; le sue brigate nere impegnate in operazioni di bassa macelleria nei villaggi italiani, i partigiani impiccati col fil di ferro, gli appartamenti trasformati in luoghi di tortura, bande criminali che agiscono per proprio conto, fanno prigionieri, violentano, uccidono, sottratte ad ogni controllo gerarchico e politico. Un'atmosfera plumbea, i muri delle celle incrostati di sangue secco come si scoprirà dopo la Liberazione. Dentro questo quadro, l'essenza stessa della tragedia è rappresentata da Mussolini costretto dai nazisti ad ordinare la fucilazione di suo genero Galeazzo Ciano. Sua figlia Edda lo implora di risparmiare la vita del padre dei suoi nipoti, minaccia – patetica – di divulgare i diari di lui come se quelle pagine, materiale per gli storici, potessero in qualche modo influire sulla carneficina in atto. Fu tragedia nel senso più completo della parola: un uomo lacerato tra due scelte, tra due leggi: l'amore per sua figlia, il dovere verso il regime terribile che gli ha permesso di sopravvivere, ancora per un po'. È quella che gli americani chiamano «l'alternativa del diavolo» dove non esiste una scelta buona e una cattiva, sono tutte cattive, quale che sia quella adottata.

La tragedia voleva un finale anch'esso tragico, un gesto che chiudesse una vicenda umana e politica che aveva segnato il Paese, anzi più di così: che aveva reso evidente quanto poco gli italiani tenessero alla libertà. Sarebbe stato, quel gesto, la dimostrazione che dietro le fragorose sfilate, le corazze di latta e le daghe di cartone, c'era qualcosa di reale, che averci creduto, esserci morti, per quell'Italia, non era stata una prova d'incoscienza, o di stupidità.

Quel gesto non ci fu. Acquattato nel fondo di un camion tedesco, con addosso il cappotto di un esercito straniero, il bavero alzato per nascondere gli occhi atterriti, la grande testa coperta da un elmetto calcato di traverso: il Duce si fece prendere così, confuso, tremante. Non ci fu «la rovina che infiamma il cielo con la rossa vampa di un crepuscolo», ci furono paura e

35

goffaggini, due sventagliate di mitra contro il pilastro di una villa insieme alla sua compagna Claretta Petacci – lei sì eroica. Avrebbe potuto interpretare la sua ultima tragedia, dopo tutte quelle che aveva provocato, e non ne ebbe il cuore, mancò in modo imperdonabile anche l'atto finale.

Uno dei connotati che rendono gli italiani riconoscibili agli occhi dello straniero è la religiosità. Secondo una robusta corrente storica gli italiani e la religione cattolica tutto sommato si sono nuociuti a vicenda. È tra l'altro questione controversa, e probabilmente irrisolvibile, se sia stata la religione a favorire le loro cattive qualità collettive o se non sia accaduto il contrario ovvero sia stato il popolo italiano ad influire negativamente sullo spirito religioso. Negli anni in cui sono vissuto all'estero (Stati Uniti, Francia) ho visto esperienze che farebbero propendere per questa seconda ipotesi ma si tratta di opinioni che sono, per definizione, opinabili.

Sul boulevard des Invalides a Parigi (7° arrondissement) c'è una chiesa dedicata a san François Xavier, tenuta come suggerisce il nome dai gesuiti. Edificio non particolarmente bello, e comunque niente in confronto allo sfarzo romano del Gesù o di sant'Ignazio. Ciò che colpisce è che le funzioni sono celebrate in un impeccabile latino.

Ma ancora più stupefacente è che il popolo dei fedeli sia in grado di rispondere a tono al celebrante, sempre in latino. Si tratta di una chiesa particolare, di

tendenza conservatrice, il che spiega anche una partecipazione ai riti piuttosto cospicua soprattutto se paragonata a molte altre chiese spesso semivuote anche
durante le funzioni domenicali. La serietà concentrata di quei preti e di quei fedeli ispira rispetto anche in
chi a quella religione è estraneo. Amici francesi mi
hanno fatto notare che in Francia il cattolicesimo,
anche se prevalente, deve affrontare la concorrenza di
varie confessioni protestanti mentre in Italia, in particolare a Roma, questo rischio non c'è. Infatti la religiosità dei cattolici italiani scivola non di rado nell'in-
differenza, diventa adesione blanda, comporta una
deplorevole disinformazione sulla natura della fede,
sulla sua dottrina.

New York. L'antropologo italo-americano Robert
A. Orsi nel suo studio *The Madonna of 115th Street* riferisce il fatto impressionante che fino a qualche decennio fa durante la festa della Madonna del Carmine
(16 luglio), si usava trascinare alcune donne fino all'altare facendo loro leccare il pavimento con la lingua.
Una pratica giudicata rivoltante anche da molti altri
cattolici.

Nella 115ª Strada di Manhattan c'era e tuttora esiste una chiesa che si chiama appunto Our Lady of
Mount Carmel, Nostra Signora del Carmine. Per molti
anni ha ospitato la religiosità primitiva che molti im-
migrati soprattutto dal Mezzogiorno d'Italia portavano con sé. Si trattava di persone umili, spesso analfabete, alcuni, appena sbarcati ad Ellis Island, avevano
affrontato pratiche d'ammissione faticose, non di rado
umilianti, ingenuamente convinti che a New York le

strade fossero lastricate d'oro. In realtà erano destinati ai lavori più ingrati: costruire strade, scavare le gallerie della metropolitana, raccogliere le immondizie, tirar su i grattacieli. Pietro Di Donato avrebbe intitolato il suo romanzo *Cristo fra i muratori* pubblicandolo nel 1939, un anno segnato anche dall'uscita del romanzo di Steinbeck *Furore*. Era una stagione in cui la letteratura dava conto del prezzo da pagare per la costruzione dell'America.

Nella sua miseria questa povera gente aveva importato negli Stati Uniti una religiosità primitiva, superstiziosa, tutta esteriore. Oggi Little Italy (quella «Little Italy») non esiste più. Ma fino a quando c'è stata è rimasta teatro di processioni chiassose, con la statua della Madonna o dei vari santi (Gennaro, per i napoletani) portate in processione coperte di dollari, in mezzo al vociare degli spettatori, una musica approssimativa e assordante, gli applausi, le invocazioni, le lacrime. Poi, venuta la sera, balli, interminabili banchetti con le tavolate in mezzo alla strada come era uso nei paesi dai quali erano arrivati.

Quel tipo di religiosità irritava molto gli altri cattolici, gli irlandesi per esempio o i polacchi, che condividevano la stessa fede ma interpretandola in modo molto più riservato. Lo sconcerto e l'offesa venivano da ragioni di dottrina poiché una religione tutta giocata sull'esteriorità sembrava povera di vero contenuto spirituale, e comunque troppo vicina ad un paganesimo che nel Mezzogiorno d'Italia continuava ad esistere. Interveniva anche una critica di natura sociale poiché in una cultura in prevalenza puritana, e tendenzialmente antipapista, come quella degli Stati Uniti, una religiosità così gridata rischiava di far cadere nel ridicolo il cattolicesimo rafforzando la diffidenza dei protestanti.

Si potrebbero aggiungere molti altri esempi ma sarebbero un'inutile ripetizione. È invece possibile tentare un'operazione inversa presentando il caso del conte Camillo Benso di Cavour. Anche se di lui si sa quasi tutto, la sua resta una figura più eccentrica rispetto al contesto. Giuseppe Garibaldi per esempio ben rappresenta l'eroe popolare, italiano per eccellenza, impetuoso, onesto, bravo generale, politicamente ingenuo. Cavour fu l'opposto, tanto inadatto alla vita militare quanto politicamente geniale. Era ricco di famiglia ma seppe mettere a frutto il capitale iniziale moltiplicandolo, era suddito di un regno minuscolo ma fu capace di allargare il proprio orizzonte intellettuale all'Europa, studiò le conseguenze della nascente società industriale, governò un movimento complicato come quello risorgimentale conducendolo al fine migliore possibile nelle condizioni date. L'eminente deputato britannico John Bright, formidabile oratore, coetaneo di Cavour, scrisse di lui nel suo diario: «Il primo ministro del Regno di Piemonte e Sardegna sembra piuttosto un intelligente gentiluomo inglese di campagna che un fine e sottile Italiano».

Ecco un singolare complimento. Proprio perché lo stereotipo dell'italiano era così forte, per elogiarlo bastava solo dire che non sembrava italiano. Del resto il filosofo Henri Bergson aveva detto con convinzione di ritenerlo superiore a Bismarck. Certo che lo era. Il conte è stato uno degli uomini politici più lungimiranti d'Europa. Purtroppo serviva una dinastia fiacca e un Paese dalla storia troppo complessa per racchiuderla in una sola storia condivisa.

# Gli italiani visti da dentro

Nemmeno questo capitolo comincia con un personaggio, un evento, un luogo. Racconta invece di due libri un po' speciali, due romanzi che hanno contribuito a costruire l'immagine che gli italiani hanno di se stessi, anticipando, si potrebbe dire, una loro possibile antropologia. Anche se sono stati scritti molti anni fa, i discendenti dei loro protagonisti continuano a comparire nelle cronache per cui si può dire, al di là di ogni valutazione letteraria, che nelle pagine di questi romanzi sono presenti dei prototipi che hanno segnato la vita della nazione. La cosa del resto non deve stupire. Succede spesso che la letteratura raccolga e condensi la storia. Italo Calvino diceva che «un classico è un libro che si configura come equivalente dell'universo».[1] Nel nostro caso non di un universo si tratta, ma più modestamente della Penisola italiana e dei tipi umani che la abitano. Ecco perché rileggere certe pagine è come (ma talvolta perfino meglio che) visitare un luogo o incontrare una persona.

Gli anni Ottanta dell'Ottocento si aprono nel 1881 con *I Malavoglia* di Giovanni Verga; seguono *Malombra* di Antonio Fogazzaro e, nel 1883, *Le avventure di*

*Pinocchio* di Carlo Lorenzini, alias Collodi. Ma il decennio è soprattutto segnato da due titoli e questi vogliamo raccontare: *Cuore* di Edmondo De Amicis e *Il piacere* di Gabriele D'Annunzio. Escono a distanza di pochi anni, uno molto torinese, l'altro intensamente romano, due città lontane in termini di chilometri, ma anche per così profonde differenze di costumi e di vita da renderle quasi estranee l'una all'altra.

Edmondo De Amicis era nato nel 1846 a Oneglia, aveva da poco superato la trentina e godeva d'una certa celebrità di garbato e attento cronista. Per il periodico «L'Italia militare» aveva presenziato nel 1870 all'apertura della storica breccia di Porta Pia; pochi mesi dopo, sull'onda del gradimento dei lettori, aveva cominciato a raccogliere e a pubblicare i resoconti dei suoi viaggi: in Spagna nel '72, in Olanda e a Londra ('74), in Marocco, a Costantinopoli e a Parigi ('79). Oggi diremmo che i suoi inizi sono da «inviato speciale». Scrive con una prosa scorrevole, trasparente, che attrae con la sua semplicità, che talvolta punta all'effetto ma fa leva soprattutto sui sentimenti. Predilige i piccoli eventi dei quali è osservatore minuzioso, annota ciò che vede con tenue colore scegliendo di preferenza il punto di vista intimo. Sa di non avere statura epica, si rifugia nel bozzetto, nella piccola nota di costume.

I suoi due figli, Furio e Ugo, lo avvicinano al mondo delle scuole elementari anche se c'era già stata, anni prima, qualche occasione giornalistica, pagine dove sono già presenti toni e cadenze che si ritroveranno in *Cuore*.

> Sì, io piccino, io povero, io che campo di pan nero e vo vestito di cenci, io sconosciuto al mondo e oggetto di compassione per i pochi che mi conoscono, io se voglio, se studio, se fatico, posso costringere un giorno diecimila persone, il fiore dei cittadini della mia città, a star zitti, come fanno adesso, per sentire il mio nome, a sporger il capo per vedermi; a mormorare: – Eccolo là; – a dire ai loro fanciulli vestiti di velluto: – Fate come lui!... – Sono capace a star levato la notte, io. Non ho lume? Ma io mi farò dare i mozziconi di candela dal vicino.

Lo scrittore segue con scrupolo i suoi due figli e ha dunque ogni giorno sotto gli occhi il mondo della scuola: i figli, gli amici dei figli, i maestri, i genitori che s'affollano all'uscita. Ruba qualche gesto, una frase colta a metà, il ragazzo che fa una carezza a un compagno più povero, il cenno d'intesa di una maestra. *Cuore* nasce così. Il 16 febbraio 1886 scrive al suo editore: «Io sono in una corrente d'entusiasmo che mi porta via. Non ho altro pensiero, altro affetto che il mio *Cuore*; i capitoli si succedono ai capitoli, metà del lavoro è già fatta; fatta tra le lagrime e gli scatti di gioia».[2] Il figlio Ugo confiderà anni più tardi in un'intervista che nei mesi in cui scriveva, Edmondo fumava decine di sigari al giorno senza mai uscire di casa. Lavorava in piedi a un alto leggio nel suo appartamento di piazza san Martino.

A maggio è finito: sei mesi in tutto. Confida al suo amico Orazio Barberis: «L'ho terminato in questo preciso momento, a mezzanotte, il mio libro per ragazzi e non posso trattenermi dal darne notizia a te, mio carissimo amico».

Il 15 ottobre 1886, appena in tempo per la riapertura delle scuole, il libro compare nelle vetrine con una fiammante copertina rossa. Il modello era la scuola «Moncenisio» di via Cittadella, a Torino. Libro per ragazzi dunque, anzi «libro di lettura per 1ª scuola elementare» come precisa in una delle lettere. Invece, da quei sei mesi di lavoro furibondo viene fuori un libro tutto diverso. Nel 1923 *Cuore* festeggia il primo milione di copie. Nel 1958 i milioni sono diventati tre. Dopo di allora il totale s'è perso e quanti milioni di copie di *Cuore* siano circolate o circolino per il mondo nessuno saprebbe più dire.

Da dove nasce questa immensa fortuna?

L'intreccio di *Cuore* è giocato su corde elementari come la scuola nella quale la vicenda si svolge. L'autore immagina che un alunno di terza, Enrico Bottini, tenga il diario d'un anno scolastico, come del resto dichiara il sottotitolo. Questo compitissimo Enrico s'esaurisce quasi del tutto nel ruolo d'io narrante per cui resta il personaggio meno colorito. Attorno, un'intera classe (affollatissima, ma questa era la situazione) di 54 alunni, una dozzina dei quali assumono, col procedere degli avvenimenti, notevole rilievo. A mano a mano che l'autore li introduce, il lettore si rende conto che ognuno di loro riveste più che una psicologia, una funzione. Quando uno di loro entra in scena, De Amicis declina le caratteristiche che lo individuano. Coretti è quello che «indossa la maglia color cioccolata e il berretto di pelo di gatto»; Garrone «è il più alto e il più forte della classe, mangia sempre»; Votini è «vestito bene, anche troppo»; Nobis «è superbo» e via dicendo. La ripetizione degli attributi (come nei poemi antichi) aiuta il lettore a orientarsi nella piccola folla. Ha però anche una funzione più retorica, fa vedere che ci troviamo di fronte non tanto a veri ragazzi in carne e ossa bensì a delle figurine, ruoli che ognuno di loro deve impersonare, al prezzo talvolta dell'inverosimiglianza. Fin dalle prime pagine insomma, *Cuore* si presenta con le caratteristiche d'una «epopea» o se si vuole della drammaturgia d'agitazione e di propaganda. Come nel teatro dei gesuiti, o di Bertolt Brecht, come nell'*Odissea*, per rifarsi all'archetipo più alto e remoto, la ripetizione serve per confermare al lettore che gli uomini che ha di fronte sono mossi da forze che sfuggono al controllo della volontà, perché obbediscono solo alla funzione che devono svolgere.

Intorno e sopra la piccola brigata, ci sono i maestri, i genitori, le maestre, due delle quali destinate a diventare figure proverbiali: una è la monachina che è sempre «vestita di scuro, ha un viso piccolo e bianco, i capelli sempre lisci e una voce sottile che par sempre che mormori preghiere». L'altra è l'ancor più celebre maestrina dalla penna rossa. Due figure semileggendarie che si perdono nella mitologia delle scuole d'una volta insieme ai banchi intaccati dai temperini, ai calamai sempre senza inchiostro, al gesso che stride sulla lavagna.

Se il materiale è semplice, la struttura è articolata.

C'è la narrazione di Enrico che parla da testimone, cosa che lo obbliga a esser sempre presente. Ci sono le lettere che il padre, ma anche la madre e, in alcuni casi, la sorella del protagonista aggiungono al suo diario. Espediente che consente all'autore di uscire dall'ottica infantile per dare anche il punto di vista d'un adulto. Infine ci sono i «nove racconti mensili» incastonati nella narrazione. Tra questi: *La piccola vedetta lombarda*, *Il piccolo scrivano fiorentino*, *Il tamburino sardo* e il più celebre di tutti *Dagli Appennini alle Ande* (il più lungo: 40 pagine) sul quale mi accadde di versare parecchie lacrime leggendolo e poi di nuovo vedendo il film che Flavio Calzavara ne ricavò nel 1943.

Dando tutto me stesso alle intenzioni dell'autore, m'abbandonavo alla sorte del povero ragazzino che aveva percorso mezzo mondo per ritrovare la mamma. Un giorno s'avvicina a una carrozza per chiedere qualcosa. Sua madre è lì dentro, è a un passo dal raggiungerla, invece la carrozza riparte senza che i due si siano visti. Geniale trovata emotiva. Mi par di ricordare, nel buio del cinema, il gemito della sala addolorata e delusa quando la carrozza si mette in moto.

Insomma un libro molto singolare ad alto contenuto emotivo e con una struttura piuttosto innovatrice rispetto ai canoni di fine secolo.

De Amicis era assai meno ingenuo di quanto noi ingenui lettori potremmo pensare; anzi, sapeva esattamente ciò che voleva: in primo luogo spingerci alle lacrime, cosa che nel mio caso riuscì pienamente. Poi, attraverso la commozione, toccare lo scopo che onestamente dichiara nel preambolo: «Ora leggete questo

libro, ragazzi» scrive «io spero che ne sarete contenti e
che vi farà del bene». *Cuore* dunque deve «fare del
bene». Lo scrittore è convinto che la letteratura abbia
un fine morale, convinzione che manterrà anche quando sarà approdato al socialismo. Nel 1895, in un'intervista con Ugo Ojetti, ripete: «L'arte, se vuole essere
arte, non deve predicare ma deve avere uno scopo».

Il «bene» che la lettura di *Cuore* doveva fare era
anche la diffusione di quella «etica del lavoro» assai
radicata nella mentalità anglo-sassone, e molto più la-
bile nei Paesi latini. Tradotto nell'ottica di un Piemonte di fine Ottocento, tutto questo voleva dire solidarietà tra le classi, senso dello Stato o, se si preferisce, amor di patria (frequenti i riferimenti alla bandiera, all'esercito), buonafede, buona coscienza. Valori
che possono apparire superflui o superati, o addirittura ambigui. La cui mancanza però si vedeva allora,
e continua a vedersi anche oggi.

Compiuta, bene o male, l'unificazione del Regno,
occorreva fondare la convivenza su codici omologati
di comportamento. Un esempio tra i tanti: la pagina in
cui si racconta l'accoglienza fatta all'alunno calabrese
Coraci in quella terza elementare di ragazzi tutti piemontesi. Forte allora il divario da superare, forte oggi
per i vari Coraci che magari si chiamano Mehmed,
Murad o Josip.

Dietro i personaggi c'è lo sfondo che è la scuola
stessa, i maestri, l'insegnamento, la funzione di condividere un'aula per qualche ora al giorno. De Amicis
insiste sul concetto: «Pare che li faccia tutti uguali e
tutti amici la scuola». O anche: «Viva la scuola che vi

fa una sola famiglia, quelli che ne hanno e quelli che non ne hanno». La scuola come luogo dove s'impara non solo a scrivere, a leggere e a far di conto ma anche a vivere insieme agli altri con spirito, se non altro, di solidarietà, dove si costruisce un'identità nazionale. I soli due personaggi irrecuperabili in questa visione progressista sono, non a caso, Carlo Nobis, il nobile vanesio, e lo sciagurato sottoproletario Franti. Né l'uno né l'altro partecipano ai valori condivisi, anzi a quei valori si rifiutano ritenendoli, con motivazioni opposte, inadatti alla loro condizione di outsider rispetto al grande ordine borghese. Escluse queste due punte, la pedagogia di *Cuore* armonizza l'intero arco sociale, il mondo dei mestieri e quello delle professioni, la neonata società industriale che De Amicis aveva ammirato a Parigi all'Esposizione Universale del 1878.

Questa società poteva affermarsi solo grazie ad una massiccia opera di educazione collettiva che utilizzasse la professionalità di ciascuno diffondendo appunto il «senso del dovere». Perché quest'opera si compisse era necessario uno sforzo immenso che gravava in buona parte sulla scuola. La struttura scolastica diventa così la prima linea sulla quale si gioca il futuro della nazione. In questa prospettiva la scena seguente, più che un modello d'urbanità borghese dà corpo ad un preciso messaggio morale.

Enrico Bottini racconta così l'incontro tra il padre e il suo vecchio insegnante.

«È lei» domandò mio padre, levandosi il cappello «il maestro Vincenzo Crosetti?» Il vecchio pure si levò il cappello e rispose: «Son io», con una voce un po' tremola ma piena. «Ebbene» disse mio padre, pigliandogli una mano, «permetta a un suo antico scolaro di stringergli la mano. [...] Io sono venuto da Torino per vederla.»

Anche questa scena ha però nei costumi del tempo il suo opposto. In un rapporto del senatore professor Francesco Torraca per il biennio 1895-96 si legge che soprattutto nel Mezzogiorno d'Italia, ma anche nel Settentrione, «la maggior parte degli amministratori comunali, e con essi i più benestanti, odiano e avversano l'istruzione popolare – nella quale vedono – una potenza livellatrice che li atterrisce». Quel terrore ha scavalcato gli anni ed è arrivato fino a noi. Quando un'esponente della destra come Letizia Moratti diventa, nei primi anni del XXI secolo, ministro della Pubblica istruzione, si affretta a togliere l'aggettivo «Pubblica» dall'intestazione del suo dicastero, atterrita anche lei dal sapore egualitario che ne promana, anche se probabilmente ignara di rimestare così all'interno di un vecchio tabù reazionario

Le accoglienze dei lettori a *Cuore* furono subito trionfali con esclusione degli ambienti cattolici, infastiditi dal fatto che lo scrittore avesse ignorato l'elemento religioso omettendo perfino di citare le maggiori festività durante l'anno scolastico. In *Cuore* non c'è Natale né Pasqua né Immacolata Concezione. Ogni episodio è improntato a una religiosità civile e statale di

stampo liberal-risorgimentale. Le gerarchie ecclesiastiche non perdonarono, il libro venne additato tra
quelli «poco idonei alla gioventù».

Il via alla polemica lo dette un articolo di «L'Unità
cattolica». La stampa liberale e quella protestante rea-
girono. Un pastore valdese organizzò in una sala torinese un'affollata conferenza «difensiva» sul tema «Il
*Cuore* di De Amicis e il cuore dell'"Unità cattolica"».
Lo scrittore non era presente. Gliene riferirono e la
solidarietà dimostratagli lo confortò. Qualche giorno
dopo ne dava notizia all'editore scrivendo: «Te lo
dico per consolarti un poco degli attacchi clericali che
mi pare ti abbiano fatto deplorare in cuor tuo ch'io
non abbia nel mio libro santificato il Natale la Pasqua
la Resurrezione».

Il grande successo, anche fuori d'Italia, alimentò
– era fatale – plagi, ironie, caricature. Il poeta Francesco Gaeta, scettico sui valori di *Cuore*, un giorno raccontò a Benedetto Croce, divertendolo molto, l'ipotesi
d'un possibile seguito. Scrive Croce: «Nella giocosa
continuazione di Gaeta, Enrico che aveva vissuto gli
anni della fanciullezza nella continua dulcedine degli
spettacoli morali, teneri e sublimi, non armato abbastanza verso l'effettuale realtà e la sua forza demonia-
ca, tra le seduzioni del nuovo e l'inesperienza, di trascorso in trascorso, finiva in galera!». Un'altra caricatura suscitò l'episodio che, in *Cuore*, compare sotto la
data del 17 dicembre e il titolo *Le maestre*.

È venuta a far scuola la signora Cromi, la più attem-
pata delle maestre, che ha due figliuoli grandi e ha

insegnato a leggere e a scrivere a parecchie signore che ora vengono ad accompagnare i loro ragazzi [...]. Era triste, oggi, perché ha un figliuolo malato. Appena che la videro, cominciarono a fare chiasso. Ma essa con voce lenta e tranquilla disse: «Rispettate i miei capelli bianchi, io non sono soltanto una maestra, sono una madre»; e allora nessuno osò più di parlare.

In *Buon Cuore* di M. Nigra Garigliola (1906), la maestra Cromi diventa la maestra Dorati e il ricalco suona così: «La signora Dorati, la più anziana delle maestre, che ha un figliuolo al manicomio e l'altro che vuol farsi prete. Entrò che c'era un chiasso infernale; la buona signora salì in cattedra e, carezzando col suo sguardo sereno la classe in tumulto, disse: "Volete che al mio posto venga il maestro Bonfanti, quello che con le sue manacce da castigodiddio ha già storpiato metà dei suoi alunni?". E allora nessuno osò più parlare».

Poi c'è *Elogio di Franti*, di Umberto Eco comparso nel 1963. Eco immagina che l'infame Franti «con la memoria accesa del gesto di papà Coretti che dava al figlio, con la mano ancor calda, la carezza del Re [...], si apprestava in una lunga ascesi a esercitare, all'alba del nuovo secolo, sotto il nome d'arte di Gaetano Bresci».[3] Ogni epoca ha variato su *Cuore* secondo i suoi gusti. Anche Alberto Arbasino s'è esercitato su *Cuore* (in *Certi romanzi*) sottolineando l'atmosfera sadico-penitenziale che circola nel libro come del resto nelle opere di Puccini. Però aggiunge: «Edmondo e Giacomo, e anche Gabriele [D'Annunzio] rimangono "piccoli maestri" insuperati nella trasformazione industriale delle più sconcertanti "trasgressioni" in prodotti d'impeccabile funzionalità». Contestazioni e sberleffi, a distanza di un secolo dall'uscita, sono un altro segno dell'indiscutibile vitalità del libro. Del resto Eco aveva preso le sue precauzioni precisando: «Ma chi ride, per ridere, e per dare al suo riso tutta la sua forza, deve accettare e credere, sia pure tra parentesi ciò di cui si ride, *e ridere dal di dentro* se così si vuol dire, se no il riso non ha valore. [...] Chi ride deve dunque essere figlio d'una situazione, accettarla *in toto*, quasi amarla, e quindi, da figlio infame, farle uno sberleffo».[4]

La verità è che è facile mettere in parodia qualunque opera che esponga o, come in questo caso addirittura ostenti, un valore collettivo. Ogni proposizione positiva porta con sé le ragioni della sua debolezza e ogni opera di propaganda, dalle tragedie medievali al teatro gesuita al «realismo socialista», può essere volta in ridicolo azzerandone il presupposto etico o ideologico.

Tra i personaggi e gli episodi del romanzo, De Amicis dissemina precisi riferimenti d'ordine politico-sociale; vuole dimostrare che pur restando le differenze di classe, tra gli alunni di quella famosa terza elementare può ugualmente nascere un vincolo fatto d'amicizia e di rispetto reciproco. Come giustamente scrive Alberto Asor Rosa (*Storia d'Italia*, vol. IV) è lo stesso vincolo sul quale avrebbe potuto reggersi, qualora si fosse consolidato fino a diventare un vero e proprio «patto nazionale», il destino dell'Italia futura.

I funerali di De Amicis (marzo 1908) videro uno straordinario tributo di popolo superato solo da quello che avevano avuto, pochi anni prima, le spoglie di Giuseppe Verdi. Né questo, né il trionfo di *Cuore* bastarono. Il «patto nazionale» restò, come resta, un traguardo piuttosto lontano.

Anche Gabriele D'Annunzio scrisse *Il piacere* in sei mesi; lo dichiara in calce al manoscritto: «Francavilla al Mare, Luglio-dicembre 1888».

Roma contro Torino: un fin troppo scoperto scopo pedagogico contro l'esplosione d'una sensualità edonistica o, al contrario, d'un languido struggimento alimentati entrambi dall'egoistica ricerca di ciò che il titolo esplicitamente dichiara: il piacere. In De Amicis una prosa spoglia e funzionale, qui una lingua lussureggiante, sensuale, ricercatissima.

Pochi anni dopo, nel 1893, D'Annunzio ricordò in una cronaca d'occasione quale fosse, all'inizio degli anni Ottanta, l'atmosfera di Roma:

> Era il tempo in cui più torbida ferveva l'operosità dei distruttori e dei costruttori. Insieme con nuvoli di polvere si propagava una specie di follia edificatoria, con un turbine improvviso... Fu allora, dappertutto, come un contagio di volgarità. Nel contrasto incessante degli affari, nella furia quasi feroce degli appetiti e delle passioni, nell'esercizio disordinato ed esclusivo delle attività utili, ogni senso estetico fu smarrito, ogni rispetto del passato fu deposto.

Così apparve la capitale del Regno a D'Annunzio che vi giungeva giovanissimo dalla provincia. Lo scrittore fu colpito con tale intensità dallo scenario da restarne soggiogato. La città s'impresse si può dire nella sua carne, e lui fu capace di restituire con la sua scrittura una città trasfigurata, mista di ciò che aveva visto, di ciò che aveva potuto immaginare, di ciò che non era mai davvero accaduto se non nella sua fantasia. Raccontò nobiltà e popolo, costumi ed edifici, scene e figure presi a mezzo dalla realtà o d'invenzione eppure legati in qualche modo a ciò che aveva visto brulicare attorno a sé. Un realismo sognato, un quadro dai contorni velati, distorti da un conturbante ideale e tuttavia riconoscibili.

Gabriele ha 18 anni ed ha appena finito, brillantemente e con qualche scandalo, il liceo Cicognini di Prato. La città lo attrae, anzi lo irretisce. Si guarda attorno, uscendo dal suo modesto alloggio al numero 12 di via Borgognona, e tutto gli sembra degno d'essere raccontato. S'iscrive a Lettere, che era poi lo scopo per il quale la famiglia l'aveva mandato nella capitale, ma frequenta pochissimo. In compenso è assiduo presso le redazioni di alcuni giornali dove lo ha preceduto la fama di una raccolta di versi (*Primo vere*, 1879) uscita quand'era ancora al liceo. L'accoglienza è calda, quel diciottenne appare «tutto boccoli e sorrisi». Edoardo Scarfoglio ne ricordò la prima comparsa negli uffici di «Capitan Fracassa»: «Ero, me ne rammento benissimo, sdraiato sopra una panca [...], e sbadigliavo tra le ciance di molta gente; e alla prima vista di quel piccolino con la testa riccioluta e gli occhi dolcemente femminili, che mi nominò e nominò sé con un'inflessione di voce anch'essa muliebre, mi scossi e balzai su stranamente colpito. E l'effetto fu, in tutti quelli che lo videro, uguale. Lo conducemmo nel salotto, e tutta la gente gli si raccolse intorno. Non mai scrittore comico trionfante, in quel luogo ove l'ammirazione e la curiosità d'ogni cosa nuova scoppiavano con sì facile violenza, s'ebbe un accoglimento tanto festoso».[5]

Le dimore e le ville, i dintorni della città, le carrozze, le serate mondane, la gente, tutto l'attrae; soprattutto l'affascinano le donne, che accendono la fantasia e un temperamento portato alla sensualità. In una delle poesie della raccolta *Intermezzo di rime* (1884), che farà scandalo, scrive senza farsi scrupolo: «La giovinezza mia barbara e forte / in braccio de le femmine s'uccide».

La prima avventura notevole di questo periodo romano è quella con Maria Hardouin di Gallese che incontra nel febbraio 1883. In aprile scrive al suo amico Nencioni: «Cavalco spesso, solitario, in cerca di un'amazzone che incontro di rado... Amo mio caro Enrico, finalmente amo con un abbandono pieno di tutto me con un oblio di tutto me». L'amore, abbandono compreso, è ricambiato. Una sera di maggio, Maria cede e Gabriele s'affretta a farlo sapere in una delle poesie poi inserite in *Intermezzo di rime*. L'intera sequenza, fino all'amplesso che la conclude, su un prato di villa Borghese, è raccontata con sfrontata indelicatezza. Il componimento s'intitola *Il peccato di maggio*, più che un poemetto, una radiocronaca:

La testa
in dietro a l'improvviso abbandonò. Le chiome
effuse le composero un letto ov'ella, come
per morire, si stese. Un irrigidimento,
quasi un gelo di morte, l'occupò. Lo spavento
m'invase [...]
[...] Ma fu morte
breve. Tornò la vita ne l'onda del piacere.
Chino a lei su la bocca io tutto, come a bere
da un calice, fremendo di conquista, sentivo
le punte del suo petto insorgere, al lascivo
tentar de le mie dita, quali carnosi fiori...

Eccetera.

Le conseguenze del «peccato di maggio» costrinsero a nozze frettolose.

A suo modo D'Annunzio amò la moglie, ma a suo modo appunto, cioè trasformando il matrimonio in un legame di comodo separato dalla sua attività d'artista e dai legami con altre donne. Una di queste, Olga Ossani, ha un ruolo di rilievo tra i modelli del *Piacere*. Giornalista napoletana, firmava con lo pseudonimo di Febea, di qualche anno più anziana di Gabriele (quando la conobbe aveva 21 anni), la Ossani era nota per la sua bellezza e per la particolarità d'avere, già a vent'anni, i capelli completamente bianchi e dunque contrastanti con la freschezza delle forme, la vivacità dello sguardo. Una frequentazione amorosa intensa e breve. Terminò il 25 marzo 1885, solo quattro mesi dopo il suo inizio. La Ossani aveva carattere forte e idee chiare. Bastò quel breve periodo a farle capire di non poter sopportare i sotterfugi d'una relazione clandestina.

Per De Amicis la vita a cui attingere per trasformarla in letteratura era la scuola, qui si tratta di donne. La terza relazione di cui bisogna dare conto è quella con Elvira Natalia Fraternali che conobbe il 2 aprile 1887 a un concerto in via Margutta. Elvira era pianista e donna colta, colpì il poeta anche da un punto di vista intellettuale. Ciò che caratterizza il loro rapporto non sono però gli interessi culturali ma una totale corrispondenza sul piano sensuale. Elvira, ribattezzata Barbara o Barbarella, fu sicuramente la donna che D'Annunzio amò, o desiderò, di più tra le tante della sua vita e che, come forse nessun'altra, seppe soddisfare le sue predilezioni. Ne dà testimonianza l'incessante carteggio (oltre mille lettere) che i due si scambiarono. Elvira (nata nel 1862) aveva un anno più di Gabriele. Tre anni prima di conoscerlo, aveva sposato il bolognese Ercole Leoni, conte di dubbio lignaggio dal quale presto si separò anche per una fastidiosa malattia venerea di cui il marito l'aveva contagiata.

Quando il legame tra la Leoni e D'Annunzio diventa notorio, il conte, reso pazzo più dall'orgoglio offeso che dalla gelosia, cerca di riprendersi la moglie addirittura forzandola, a costo dell'umiliazione, ad avere rapporti con lui. Di questo legame diviso tra opposte tensioni, di queste forzature, c'è traccia evidente nel *Piacere*.

Tra l'aprile e il giugno del 1887, i convegni dei due amanti sono quasi quotidiani. S'incontrano negli studi di due amici di Gabriele: Guido Boggiani in via san

Nicola da Tolentino e Francesco Paolo Tosti in via de' Prefetti. Almeno tre opere di Gabriele risentono di questa relazione. Ma già nel primo libro delle *Elegie Romane* e nel primo carme, *Il Vespro*, si parla di lei:

> Quando (al pensier, le vene mi tremano pur di
>     dolcezza)
> io mi partii, com'ebro, dalla sua casa amata;
> su per le vie che ancóra fervean de l'estreme diurne
> opere, de' sonanti carri, de' rauchi gridi,
> tutta sentii dal cuore segreto l'anima alzarsi
> cupidamente [...].
> Agile da le gote capaci il Tritone a que' fochi
> dava lo stel de l'acqua, che si spandea qual chioma.
> Tremula di baleni, accesa di porpora al sommo,
> libera in ciel, la grande casa dei Barberini
> parvemi quel palagio ch'eletto avrei agli amori
> nostri; e il desio mi finse quivi superbi amori:
> fulgidi amori e lussi mirabili ed ozii profondi;
> una più larga forza, una più calda vita.

Compare palazzo Barberini, lo stesso nel quale ha luogo il primo incontro amoroso tra i protagonisti del *Piacere*, Andrea Sperelli ed Elena Muti. Sia Barbara Leoni sia Olga Ossani ebbero parte nella costruzione del personaggio di Elena. In una lettera a Barbarella, D'Annunzio scrive:

> Quando ripenso ai baci che io ti dava su tutto quan-
> to il corpo, sul seno piccolo ed eretto, sul ventre
> perfetto come quello d'una vergine statuaria, su la

*rosa* che è calda e viva e soave alle labbra come la tua
bocca, su la coscia che ha la mollezza del velluto e il
sapore d'un frutto succulento, su le ginocchia che tu
invano mi contendevi ridendo e contorcendoti e
nella piegatura delle ginocchia che è così delicata e
fresca e infantile, e su la schiena tutta dorata e sparsa
d'acini d'oro e segnata d'un solco dove la mia lingua
correva rapida e umida nella carezza e sui lombi e
sui fianchi di meravigliosa bellezza, e su la nuca e fra
i capelli e su le lunghe ciglia palpitanti e su la gola,
quando io ripenso a tutta quell'onda di gioia che mi
attraversava le vene soltanto nel guardarti ignuda,
mi sento rabbrividire e ardere e tremare.[6]

Nel romanzo, uno dei primi incontri tra Andrea ed
Elena si svolge in un'atmosfera analoga: «Mi sembra
– diceva ad occhi chiusi – che tutti i pori della mia
pelle sieno come un milione di piccole bocche anelan-
ti alla tua, spasimanti per essere elette, invidiose l'una
dell'altra... Egli allora, per equità, si metteva a coprir-
la di baci rapidi e fitti, trascorrendo tutto il bel corpo,
non lasciando intatto alcun minimo spazio, non allen-
tando la sua opera mai».

Protagonista del *Piacere* è il conte Andrea Sperelli-
Fieschi D'Ugenta, poeta e acquafortista di grande
sensibilità ma anche un uomo posseduto da un «sensuale egoismo», consapevole della propria impotenza
morale. Abbandonato dalla propria amante Elena
Muti nel colmo della loro appassionata relazione, An-

drea cerca invano di dimenticarla con altre donne. Elena l'ha lasciato perché deve risanare con un ricco matrimonio le dissestate fortune della famiglia. Una delle tante avventure porta Sperelli a battersi in duello. Ne esce ferito. Durante la convalescenza nella villa di campagna detta Schifanoja, egli riflette sul proprio passato rinnegandone lo squallore, sognando una sorta di redenzione attraverso un rinnovato impegno nella sua arte.

Nella villa incontra Maria Ferres, giovane donna sposata, creatura «nobilmente spirituale» di cui diventa l'amante. Il rientro a Roma, a guarigione avvenuta, riconduce Sperelli alla vita dissipata d'un tempo. Per di più, incontrando per caso Elena, egli si rende conto non solo d'amarla con la stessa furibonda passione d'un tempo, ma che questo sentimento si sovrappone a quello nuovo nei confronti della Ferres confondendo le due donne in un solo ambiguo viluppo di desiderio. Andrea utilizza insomma la Ferres come un sostitutivo di Elena che ormai gli si nega. La strana relazione va avanti per qualche tempo reggendosi su questo malcerto equilibrio ma proprio nel momento in cui per certe sue sventure familiari, Maria Ferres avrebbe più bisogno dell'aiuto e della comprensione dell'amante, Andrea si lascia sfuggire, in un attimo d'incontrollata passione, il nome di Elena. Maria capisce il torbido gioco che agita la mente di lui e fugge. È il giorno in cui l'intero arredo dell'appartamento di Maria viene messo all'incanto per pagare i debiti di gioco del marito che, scoperto a barare, è socialmente rovinato. Su questa scena di desolazione e di abbandono con i facchini che trascinano via gli ultimi mobili e le ultime tappezzerie, trasparente simbolo d'un ben più radicale fallimento, il romanzo si chiude.

Ridotto alla nuda trama, *Il piacere* sa di *feuilleton*. La sua «modernità» è infatti non nella trama bensì nell'intrico psicologico che lega i personaggi e nell'introspezione che Andrea fa di se stesso. Ma la vera potenza del libro non sta forse neanche in questo (ben altri scrittori avevano lavorato o stavano per farlo sulla psicologia dei loro personaggi, da Dostoevskij a Proust), quanto nell'evocazione di Roma e della società romana di quegli anni. Tra le righe del racconto l'autore ha nascosto precisi riferimenti di tempo. Sappiamo che *Il piacere* ha inizio alle ore 15 e 25 del 31 dicembre 1886 (data rivelata dall'incipit famosissimo: «L'anno moriva, assai dolcemente»); si chiude poco dopo il tramonto di lunedì 20 giugno 1887. Da un punto di vista strettamente cronologico, anche la storia (come la sua composizione) è chiusa nell'arco di sei mesi. La vicenda psicologica però è molto più vasta poiché quando il romanzo comincia la relazione tra Elena e Andrea è già finita e il lettore ne viene a conoscenza solo attraverso i ricordi del protagonista.

Quando Elena compare, D'Annunzio ne descrive solo l'abbigliamento. L'unico connotato di cui riferisce sono gli occhi:

Ella stava ancóra in piedi nel mezzo della stanza; un po' titubante e preoccupata, sebbene parlasse rapida e leggera. Un mantello di panno *Carmélite*, con maniche nello stile dell'Impero tagliate dall'alto in larghi sgonfi, spianate e abbottonate al polso, con un immenso bavero di volpe azzurra per unica guarnitura, le copriva tutta la persona senza toglierle la grazia della snellezza. Ella guardava Andrea, con gli occhi pieni di non so che sorriso tremulo.

Anche quando Sperelli rievoca tra sé e sé la circostanza in cui ha conosciuto Elena, D'Annunzio ci dà soltanto uno scorcio fuggevole di lei. Andrea la ricorda di spalle mentre sale lo scalone di palazzo Roccagiovane:

Ella saliva d'innanzi a lui, lentamente, mollemente, con una specie di misura. Il mantello foderato d'una pelliccia nivea come la piuma de' cigni, non più retto dal fermaglio, le si abbandonava intorno al busto lasciando scoperte le spalle. Le spalle emergevano pallide come l'avorio polito, divise da un solco morbido, con le scapule che nel perdersi dentro i merletti del busto avevano non so qual curva fuggevole, quale dolce declinazione di ali; e su dalle spalle svolgevasi agile e tondo il collo; e dalla nuca i capelli, come ravvolti in una spira, piegavano al sommo della testa e vi formavano un nodo, sotto il morso delle forcine gemmate.

La terza descrizione di Elena è ancora una volta parziale. Vediamo di lei un minimo gesto che è però capace di suscitare nel protagonista un'istantanea accensione dei sensi:

Ella non rispose. Ma portò alle nari il mazzetto delle viole ed aspirò il profumo. Nell'atto, l'ampia manica del mantello scivolò lungo il braccio, oltre il gomito. La vista di quella viva carne, uscente di fra la pelliccia come una massa di rose bianche fuor della neve, accese ancor più ne' sensi del giovane la brama, per la singolare procacità che il nudo feminile acquista allor quando è mal celato da una veste folta e grave.

Non è la prima volta che la «veste folta e grave», in parole povere la pelliccia, ispira a D'Annunzio sensazioni del genere. In una «cronaca mondana» dal titolo *Cronachetta delle pellicce* apparsa su «La Tribuna» del dicembre 1884, dove si firma Happemouche scrive: «Nulla è più signorilmente voluttuoso d'una pelliccia di lontra da qualche tempo usata. Allora le pelli consentono a tutte le pieghevolezze del corpo feminile; ma non colla leggera aderenza della seta e del raso, sì bene con una certa gravità non priva di grazie e di quelle dolci grazie che li animali forniti di ricco pelame hanno nei loro movimenti furtivi. Sempre una specie di lampo, una specie di lucidità repentina precede o accompagna il movimento, e dà al movimento una strana bellezza».

Solo alla sua terza apparizione Elena compare finalmente agli occhi di Sperelli per intero e radiosa. Ci troviamo nei saloni dell'ambasciata di Francia in palazzo Farnese, sono circa le undici di sera. Sperelli è giunto in anticipo divorato dall'ansia di rivedere Elena che non arriva. Già teme che abbia rinunciato quando:

Ella s'avanzava nell'istoriata galleria dei Caracci, dov'era minore la calca, portando un lungo strascico di broccato bianco che la seguiva come un'onda grave sul pavimento. Così bianca e semplice, nel passare volgeva il capo ai molti saluti, mostrando un'aria di stanchezza, sorridendo con un piccolo sforzo visibile che le increspava gli angoli della bocca, mentre gli occhi sembravan più larghi sotto la fronte esangue. Non la fronte sola ma tutte le linee del volto assumevano dall'estremo pallore una tenuità quasi direi psichica. [...] La sua bellezza aveva ora un'espressione di sovrana idealità, che meglio splendeva in mezzo alle altre dame accese in volto dalla danza, eccitate, troppo mobili, un po' convulse.

Quando scriveva *Il piacere* Gabriele D'Annunzio aveva 25 anni ed era al suo primo romanzo. Eppure basterebbe il sapiente crescendo con cui prepara l'ingresso della protagonista a dimostrare il suo felice istinto di narratore. Elena è concessa gradatamente al lettore. Quando la situazione è matura, D'Annunzio la introduce con questo lento e maestoso incedere nel quale risplende la sua bellezza pallida e intensa a contrasto con quella delle altre donne «accese in volto dalla danza, eccitate, troppo mobili, un po' convulse».

Magistrale per esempio la scena in cui i due amanti finalmente s'abbandonano l'uno all'altra. Dopo un'intensa prolungata preparazione, la conclusione fulminea mima ciò che accade spesso nella realtà: «Allora, con un movimento repentino, Elena si sollevò sul letto, strinse fra le due palme il capo del giovane, l'attirò, gli alitò sul volto il suo desiderio, lo baciò, ricadde, gli si offerse».

Nel *Libro segreto* D'Annunzio riferisce, compiaciuto, un episodio che riguarda proprio questo tipo di atmosfere. Quando egli si recò a portare una delle prime copie stampate al professor Jacob Moleschott, il vecchio medico si rischiarò «in un vasto sorriso». Quindi fece scorrere le pagine, le fiutò e da quel fisiologo che era dette un parere istintivo che in certo modo suonò anche come un giudizio letterario: «Odora di sperma».

In una cronaca estemporanea scritta nell'estate dell'87 (anno che precede la stesura del libro), l'autore torna più volte sul personaggio di Diambra «principessa di Scurcola» alla quale dedica vari episodi che sembrano studi per il successivo romanzo. Studio di nudo, di femminile sensualità, è senza dubbio questa descrizione di una svestizione: «Incomincia con gesti lenti e languidi, talora esitanti, soffermandosi ad ogni poco, quasi per tender l'orecchio. Si toglie le fini calze di seta... quindi scioglie di su la spalla il nastro che trattiene l'ultima spoglia, la camicia più sottile e più preziosa... quella neve fluisce lungo il petto, segue l'arco delle reni, si ferma un attimo ai fianchi; cade poi d'un tratto ai piedi, come un fiocco di spuma».

Dietro i protagonisti c'è Roma o meglio quella sua parte che fa centro su piazza di Spagna e via Sistina, tra la Trinità dei Monti e il Tritone, da lì poi attraverso via dei Condotti e il Babbuino s'estende alle chiese secentesche (il famoso barocco della Controriforma), piazze e piazzette, fontane ed edicole papali. La sua non è la Roma di Chateaubriand, non quella di Stendhal né di Goethe; piuttosto la Roma del neonato Regno d'Italia, la più adatta a far da sfondo ai suoi anni: «I ricevimenti, le vendite all'asta, la caccia alla volpe, le strade, le botteghe, i concerti, le accademie di scherma, il brillare argenteo della corte, le piume che ornano i grandi cappelli delle "dame tiberine" formano la massa corale del suo grande balletto».

Questa Roma lo scrittore sa restituirla con raffinata abilità paesaggistica; offre una serie d'inquadrature a volte sontuose come oli, altre con le liquide trasparenze dell'acquerello. Sempre in quella cronaca del luglio 1887 scrive: «Avete mai contemplato la città in un meriggio di luglio dall'ombra dei lecci che stanno come una rigida muraglia verde innanzi alla villa Medici? Quando mai Roma è più solenne e più sacra? Quando mai ella suscita più forte nell'animo il sentimento della divinità? Il viale è deserto. I vasti alberi immobili proteggono la fontana e si specchiano nel bacino dove l'acqua, per tale ombra, è cupa e molle come velluto».

Perfino Benedetto Croce, che pure lo bollò come un «dilettante di sensazioni» (dilettante ma artista, aggiungeva), deve ammettere che D'Annunzio non solo «vede con istraordinaria lucidezza» ma rappresenta ciò che vede «in modo perfetto».


Qualche tempo prima che il romanzo uscisse, D'Annunzio aveva fatto anticipare dal «Fanfulla della Domenica» la notizia che egli stava lavorando ad un «romanzo di costumi contemporanei». I «costumi» che descrive per la verità non erano ancora «contemporanei»; certi ambienti però li avrebbero adottati proprio in forza di quella narrazione trasformandoli in una moda anche a costo di metterli in caricatura.

Intervennero anche ragioni di scandalo e di polemica. Più delle trasgressioni sessuali irritarono alcune affermazioni contenute nel racconto. Ad esempio la frase con la quale Andrea Sperelli commenta i tumulti che seguono la strage di soldati italiani avvenuta a Dogali nel gennaio del 1887. Parole brevi e terribili. Osservando la scena dall'interno d'una carrozza, di fronte a quella folla scalmanata, Andrea sussurra: «Per quattrocento bruti, morti brutalmente».

Già alla lettura del manoscritto l'editore, avuto sentore che nella prevalente atmosfera politica e civile la frase avrebbe sollevato polemiche, aveva tentato di convincere D'Annunzio ad attenuarla. L'autore aveva rifiutato scrivendo: «Caro signore ogni consiglio è inutile. Quella frase è detta da Andrea Sperelli non da me e sta bene in bocca a quella specie di mostro. Voi avete capito che, studiando quello Sperelli io ho voluto studiare nell'ordine morale un mostro. Perché mai i critici dovrebbero insanire?».

Mentiva ovviamente. Pochi anni più tardi scrivendo a Georges Hérelle, traduttore francese del *Piacere*, affermava: «*Dans Andrea Sperelli, il y a une part vivante de moi*». Nessuno dei suoi lettori ne aveva mai dubitato.

Posso tentare una conclusione anche se forse non dovrei nemmeno dire perché, al di là di ogni considerazione letteraria, questi due romanzi rappresentano, come accennavo all'inizio del capitolo, due antropologie, cioè fedelmente rispecchiano due diversi modi di essere italiani, due categorie, due modi di vivere, di concepire se stessi, i rapporti con gli altri e con il Paese, con quel «patto nazionale» cui accennava il professor Asor Rosa.

De Amicis aveva idealizzato la borghesia piemontese esaltandone i valori, D'Annunzio vellicato quella romana cercando lo scandalo ma con tale abilità da sfruttare anche le possibili irritazioni trasformandole in ulteriori elementi di successo. Il primo aderisce scopertamente alla sua storia, si commuove sui propri personaggi, vive la loro stessa vita; l'altro simula distacco, osservazione ironica. Ma è finzione la sua perché in realtà vive anche lui i personaggi con uguale intensità, s'imbeve dei loro stati d'animo mescolandoli ai propri.

Rivedendo oggi i due romanzi dalla comoda posizione di posteri, possiamo individuare bene quali tipi umani abbiano seguito, imitato, superato, in un secolo e mezzo di storia nazionale, le figure e figurine che popolano quelle pagine.

Dallo spirito di *Cuore* discendono i buoni sentimenti, il politicamente corretto, la diligenza borghese. Viene da lì la gente che s'accontenta di ciò che ha, che amministra con attenzione la propria famiglia in modo da arrivare in pari alla fine del mese, persone tutto sommato buone, talvolta un po' spente, appar-

tamenti di luce fioca arredati alla meglio, la piccola
gita al mare, le scarpe nuove a Natale, il rispetto delle
istituzioni, il timore verso il potere, la raccolta diffe-
renziata come contributo alla convivenza.

Guido Gozzano (ne *L'amica di nonna Speranza*) li
vede così:

> Loreto impagliato ed il busto d'Alfieri, di Napoleone,
> i fiori in cornice (le buone cose di pessimo gusto!)
> il caminetto un po' tetro, le scatole senza confetti,
> i frutti di marmo protetti dalle campane di vetro,
> un qualche raro balocco, gli scrigni fatti di valve,
> gli oggetti con mònito, *salve, ricordo,* le noci di cocco,
> Venezia ritratta a musaici, gli acquarelli un po' scialbi,
> le stampe, i cofani, gli albi dipinti d'anemoni arcaici.

Pieno Ottocento. Oggi ovviamente gli oggetti sono diversi. Nessuno (quasi nessuno) mette sul comò la sfera
di vetro con Venezia sotto la neve. Ma resta uguale lo
spirito, uguale vorrei dire la misura delle cose, dei propri orizzonti, della stessa vita.

Discendono dal conte Andrea Sperelli gli altri italiani, gli irregolari, i fantasisti, i disinvolti, quelli capaci di spendere anche quando non hanno denaro, che
misteriosamente vivono sempre al di sopra dei propri
mezzi, quelli che «in galera ci finiscono i poveracci»,
le grandi barche, le luci sfarzose, il gioco d'azzardo,
amori fugaci, il sesso come effimero tumulto, strappa-
to, comprato, rubato. Il riso facile, la lingua sciolta,
l'azzardo, la sfida, gli avversari piegati con la forza o
con la calunnia, le istituzioni al proprio servizio, la vi-

cinanza con il potere – quale che sia. E poi gli slogan: loro sono tristi noi siamo allegri, loro vogliono le regole noi amiamo la libertà.

Una volta era più facile distinguere i primi dai secondi, col tempo tutto si è un po' confuso; le due tipologie però resistono e gli italiani della seconda specie, anche se sono certamente una minoranza, sono quasi sempre quelli che riescono a dare ad un'epoca il suo connotato riconoscibile.

Ho raccontato due romanzi. In realtà avrei dovuto citarne tre per formare una vera trilogia italiana degli anni Ottanta dell'Ottocento. Nel 1885 Antonio Fogazzaro pubblica il suo secondo romanzo, *Daniele Cortis*. Lo scrittore, vicentino, è un cattolico aperto a quella corrente che si chiamerà «modernista». Sono gli anni del *non expedit* (non è opportuno). Pio IX dopo Porta Pia ha proibito ai cattolici di partecipare alla vita politica ritenendolo appunto «non opportuno». Il romanzo di Fogazzaro agita anche quel tema. Daniele Cortis, il protagonista, è un deputato friulano conservatore ma aperto che reclama contro la corruzione del governo, che vedrebbe volentieri alla guida della nazione un uomo forte, alla Bismarck, e che tuttavia rifiuta il *non expedit* perché vuole, come Cavour, un libero Stato in una libera Chiesa. Curioso che Daniele a un certo punto inventi, per così dire, quello che sarà per mezzo secolo il nome del partito di maggioranza in Italia: «Io vedo nel mio pensiero un luminoso e possibile ideale di democrazia cristiana».

Mescolata alla vicenda politica del giovane deputato, c'è la sua storia d'amore con la cugina Elena, malmaritata a 19 anni con il barone siciliano Carmine di Santa Giulia, giocatore d'azzardo, inveterato puttaniere.

Lei è elegantissima, arde d'amore per Daniele come lui per lei ma si concederanno come massimo un bacio, forse due. Per il resto è uno stringersi di mani, uno sfiorarsi delle membra rivestite dagli abiti: «Ella si sciolse dalle mani gagliarde che la stringevano, e mosse verso l'entrata del portico. Di là si voltò a gittargli negli occhi, con un rapido porger del viso, l'anima; e disparve».

C'è la vita di Montecitorio; Fogazzaro si documentò scendendo a Roma per osservarla da vicino, riempiendone taccuini d'appunti. Vediamo i deputati che arrivano dalla provincia e s'aggirano smarriti per la grande città o nei vasti corridoi del Parlamento, che reagiscono sgomenti alla corruzione che sentono nell'aria, che orecchiano i discorsi in certi capannelli di colleghi cercando di capire, che leggono strani biglietti tanto più minacciosi in quanto anonimi.

Fogazzaro scrive con *Daniele Cortis* il primo vero «romanzo parlamentare» completando così il quadro di un'Italia che in quegli anni stava prendendo forma come Stato unitario. La dimensione delle sue pagine, dal punto di vista della letteratura come specchio, è nuova rispetto agli altri due di cui ho raccontato. In lui non c'è il perbenismo idealizzato di De Amicis, e nemmeno la «dolce vita» *ante litteram* di D'Annunzio. Leggiamo invece i primi segni di degenerazione della rappresentanza democratica che in seguito avrebbero raggiunto come ben sappiamo frequenza e dimensioni molto più ampie.

# Leopardi a Roma

In una bella giornata d'autunno, ho percorso le strade attraversate da Leopardi nel suo viaggio verso Roma. Era autunno anche per lui, quello del 1822, aveva 24 anni ed era la prima volta che lasciava «l'odiato sepolcro» di Recanati. Il poeta cercava una liberazione che però a Roma non trovò. Per arrivare nella capitale (dello Stato pontificio) impiegherà quasi una settimana a bordo di una carrozza degli Antici, parenti per parte materna. Risale l'Appennino percorrendo una strada tortuosa incassata nel fondo d'una valle che appare oggi come immutata da allora, con i fianchi coperti di boschi fitti, un antico romitorio. Attraversa la piana luminosa di Colfiorito, ridiscende verso Foligno («Come chi d'Appennin varcato il dorso / presso Fuligno...», scriverà nei *Paralipomeni della Batracomiomachia*), visita le fonti del Clitumno. La piccola comitiva si ferma a dormire a Spoleto all'Albergo della Posta. Da lì scrive al padre Monaldo una lettera così sgangherata che qualche giorno dopo, arrivato finalmente a Roma, si sente in dovere di chiarirla con un'altra lettera a suo fratello Carlo: «Fa leggere questa lettera al signor padre, al quale io non so quello che mi scrivessi da Spoleto: perché dovete sapere che io scrissi in tavola fra una canaglia di Fabrianesi, Iesini, ecc.». Da questa corrispondenza apprendiamo tra l'altro che Giacomo, anche se poco più che ventenne, godeva di una certa fama come poeta e che giustamente se ne compiace. Di quella stessa rumorosa tavolata di Fabrianesi e Iesini faceva parte anche un prete in vena di scherzi grossolani. Nella lettera lo descrive così: «Un birbante di prete furbissimo, che era con loro, si propose di dar la burla anche a me come la dava a tutti gli altri; ma credetemi che alla mia prima risposta cambiò tuono tutto d'un salto, e la sua compagnia divenne bonissima e gentilissima come tante pecore».

Lasciata Spoleto, attraversa Terni, Narni, Otricoli, Civita Castellana e infine Roma che s'annuncia dall'alto della strada col suo frastagliato profilo di campanili e di cupole tutte dominate dalla mole di san Pietro. Lo spettacolo lo colpisce; alla sorella Paolina scrive (3 dicembre): «La cupola l'ho veduta io, colla mia corta vista, a cinque miglia di distanza [...] e l'ho veduta distintissimamente colla sua palla e colla sua croce come voi vedete di costà gli Appennini».

Ho fatto lo stesso itinerario ma a ritroso, cioè da Roma verso Recanati. Volevo vedere i profili dei monti, le gole, le irsute dorsali, le mura che egli vide, per esempio quelle «spaventose» di Spoleto, che oggi certo non spaventano più nessuno come non spaventa l'immane rocca albornoziana che sovrasta la città. Strana storia quella della Rocca. Innocenzo VI la fece edificare come piazzaforte a difesa dei territori della Chiesa. Il suo legato cardinale Egidio Albornoz chiamò l'architetto Matteo di Giovanello detto il Gattapone e gli commissionò l'opera. Eravamo nel 1362 e per alcuni secoli la rocca fu protagonista nella storia di Spoleto. La posizione dominante, gli agi di cui fu arricchita permisero di ospitarvi alcuni dei maggiori personaggi del tempo. Lucrezia Borgia, per fare un esempio, figlia di papa Alessandro VI, governatrice del territorio alla fine del Quattrocento. In seguito il governo pontificio destinò la rocca a carcere e tale rimase anche con il Regno d'Italia, fino al 1982.

La storia italiana è così fitta di rimandi e d'incroci che si rischia continuamente di deviare per sentieri traversi. Dobbiamo tornare a Leopardi in viaggio verso Roma.

Ovviamente molte cose sono cambiate, soprattutto il numero e la densità delle case; qualche tratto di strada però credo, a parte l'asfalto, sia rimasto tale e quale, a giudicare dalla serie di curve e di saliscendi; e poi, frugando con lo sguardo, si ritrovano qua e là profili di monti, lembi ora di bosco ora di campagna che appaiono oggi proprio come dovette vederli lui, con i suoi occhi malandati e con la sua «corta vista».

L'intenzione del poeta era di stabilirsi nella capitale, e comunque di liberarsi dell'asfissiante tutela paterna. Per sfuggire a quella galera era disposto a tutto, perfino a farsi prete. Solo a parole, però. Perché quando il cardinale Consalvi segretario di Stato di Pio VII, sollecitato in suo favore, gli offre di «indossare l'abito di corte» ovvero una posizione a metà tra quella prelatizia e quella laicale, che gli avrebbe permesso una rapida carriera nella Chiesa, Giacomo rifiuta per uno scatto d'orgoglio o un più profondo moto di ripulsa e scrive che la sua vita «dev'essere più indipendente che sia possibile».

A Roma resiste più o meno sei mesi, ospite dei cugini Antici, che lo alloggiano in una fredda stanzetta al piano ammezzato o forse nel sottotetto, comunque non al piano nobile. Il povero poeta si lamenta spesso nelle lettere dei geloni che lo tormentano e che, una volta aperti, diventano piccole piaghe dolorose lentissime a chiudersi.

Gli Antici erano una tipica famiglia papalina né povera né troppo ricca, allegra e sordida, disordinata e priva di interessi culturali, dai gusti tristemente opachi che Giacomo giudica: «momentanei, indefinibili, imprevedibili, inafferrabili». Il suo racconto delle conversazioni che si tenevano a tavola dà il quadro della loro angustia.

Le lettere ai fratelli Carlo e Paolina ci mettono sotto gli occhi una vasta dimora gelida, dalle pareti spoglie, vi s'immagina una servitù rivestita di livree lise, calzature malconce, avvezza in cucina a rubacchiare gli avanzi nei piatti per compensare il magro salario.

Le 945 lettere dell'epistolario, che sono il vero romanzo della sua vita, ci danno personaggi e bozzetti indimenticabili. Il 25 novembre scrive a Carlo: «Sono obbligato a far la vita di casa Antici; quella vita la quale noi due, ragionando insieme, non sapevamo qual fosse né in che consistesse né come potesse reggersi né se fosse vita in alcun modo».

Anche la vita a Recanati, nel bel palazzo avito, non doveva essere molto diversa, a parte la notevole erudizione del padre Monaldo fiero della biblioteca dove Giacomo consuma gran parte della giovinezza.

Proprio a «Casa Leopardi», Alfredo Panzini ha dedicato un bel saggio che contiene tra l'altro questo espressivo ritratto del conte Monaldo: «Uno dei gentiluomini più singolari dei suoi tempi, la Chiesa e la Spada cioè il trono e l'altare, ebbero pochi difensori più strenui e convinti di lui [...]. Né alto né basso era il signor Conte; né bello né brutto, rasato – s'intende – il volto e con la zazzera all'indietro. Vestì sempre di nero alla maniera dell'*Ancien Régime*, calzoni corti anche quando usavano lunghi, calze nere, scarpe basse con fibbie d'argento, cravatta bianca [...] curioso è il vanto di aver portato la spada ogni giorno, come i cavalieri antichi [...]. Dall'alto palazzo comitale nella sua Recanati egli guardava il mondo. Era in continua corrispondenza coi più famosi reazionari, gesuiti, legittimisti del tempo».[1]

Eppure, a modo suo, negli anni soffocanti della Restaurazione dopo gli sconvolgimenti napoleonici, Monaldo riesce ad essere un padre affettuoso, certo come poteva esserlo un uomo di tal genere, imperterrito clericale, nostalgico del passato, timoroso d'ogni possibile futuro. Amò suo figlio, ma non riuscì mai a capirlo. Giacomo, come spesso accade, ebbe nei suoi confronti sentimenti tra odio e amore. Alla fine dovette prevalere l'amore se possiamo giudicarlo dalle intestazioni delle lettere. Le prime si rivolgono a lui con «Mio signor padre»; si passa poi ad un meno rigido «Caro signor padre», nelle ultime, strazianti, lo chiama amorevolmente «Carissimo papà».

Molto più netti i sentimenti di Giacomo nei confronti di sua madre Adelaide Antici. Quando nel 1797 il conte Monaldo la prende in sposa, la marchesina Adelaide ha 19 anni. Gli darà dieci figli, cinque dei quali sopravvissuti, diventa presto una di quelle padrone di casa che girano con le chiavi che tintinnano attaccate alla cintura, attenta al livello del vino nelle bottiglie e al numero dei caci nella dispensa. Monaldo, che ogni anno, implacabile, la mette incinta, è ben presto ridotto al rango di «pupillo bene sorvegliato e privo di denaro». Atmosfera quasi lugubre quella di casa Leopardi. Paolina, la povera Paolina, non bella, oppressa dai genitori, destinata ad un malinconico zitellaggio, vede sua madre così: «Quello che posso vedere dalla finestra è sempre sorvegliato da mia madre (la quale) gira per tutta la casa, si trova per tutto, a tutte le ore».

Giacomo dà della madre, nello *Zibaldone*, una descrizione terribile:

Non compiangeva quei genitori che perdevano i loro figli bambini ma gl'invidiava intimamente e sinceramente, perché questi erano volati in paradiso senza pericoli, e avean liberato i genitori dall'incomodo di mantenerli. Trovandosi più volte in pericolo di perdere i suoi figli nella stessa età, non pregava Dio che li facesse morire, perché la religione non lo permette, ma gioiva cordialmente [...]. Questa donna aveva sortito dalla natura un carattere sensibilissimo ed era stata così ridotta dalla sola religione.

Come apparve dunque la Roma di Pio VII agli occhi di Giacomo? In due parole direi: una città vasta e in ogni senso misera: culturalmente povera, con i salotti pieni di letterati talvolta brillanti ma spaventosamente disinformati e provinciali. Il 9 dicembre 1822 scrive al padre:

> Letterati [...] io n'ho veramente conosciuto pochi, e questi pochi m'hanno tolto la voglia di conoscerne altri. [...] Secondo loro, il sommo della sapienza umana, anzi la sola e vera scienza dell'uomo, è l'Antiquaria. [...] Filosofia, morale, politica, scienza del cuore umano, eloquenza, poesia, filologia, tutto ciò è straniero in Roma [...]. La bella è che non si trova un Romano il quale realmente possieda il latino e il greco; senza [le] quali lingue, ella ben vedo che cosa mai possa essere lo studio dell'antichità.

Quando racconta al fratello Carlo dell'abate Francesco Cancellieri, erudito e storico, lo dipinge così: «Ieri fui da [Cancellieri], il quale è un coglione un fiume di ciarle, il più noioso e disperante uomo della terra; parla di cose assurdamente frivole col massimo interesse, di cose somme colla maggior freddezza possibile».

Più dei vaniloqui di quel «coglione» di abate, impressiona l'acuta percezione che Giacomo ha della povertà culturale romana. Parla il filologo, e dei più avvertiti, quando fa notare che occuparsi di antichità classiche senza possedere le lingue della classicità significa negarsi in partenza ogni vera possibilità di conoscere.

In quello stesso dicembre scrive alla sorella Paolina:

> La frivolezza di queste bestie passa i limiti del credibile. [...] Questa mattina (per dirvene una sola) ho sentito discorrere gravemente e lungamente sopra la buona voce di un Prelato che cantò messa avanti ieri, e sopra la dignità del suo portamento nel fare questa funzione. [...] Il Prelato rispondeva che aveva imparato col lungo assistere alle cappelle, che questo esercizio gli era stato molto utile, che quella è una scuola necessaria ai loro pari, che non s'era niente imbarazzato, e mille cose spiritosissime. Ho poi saputo che parecchi Cardinali e altri personaggi s'erano rallegrati con lui per il felice esito di quella messa cantata. Fate conto che tutti i propositi de' discorsi romani sono di questo gusto; e io non esagero nulla.

Sulla Roma di quegli anni abbiamo molti racconti e di tono diverso. Stendhal, per esempio, che a Roma scese ben sei volte, scrive che: «Le persone di spirito, a Roma, possiedono del brio [...]. Non conosco, in Europa, salotti che siano preferibili a quelli romani».[2] Chi aveva ragione, Leopardi o Stendhal? Possibile, come fa capire Francesco de Sanctis, che fossero gli occhi di Giacomo a imprimere quella coloritura funerea alla Roma papalina? Certo Stendhal dà prova di un senso dello humour che a Giacomo manca del tutto.

Riferisce per esempio l'aneddoto grazioso del turista inglese che entra a cavallo nel Colosseo dove sono al lavoro degli operai che stanno consolidando le mura. La sera ne riferisce ai suoi amici: «Il Colosseo è quanto di meglio abbia visto a Roma. Mi piace questo edificio, quando l'avranno terminato sarà magnifico».

Nel descrivere il popolo di Roma, la «plebe» cara a Gioachino Belli, Giacomo ne parla bene.

Salendo alla tomba del Tasso e alla chiesa di sant'Onofrio al Gianicolo, Leopardi racconta, nella lettera a Carlo del 20 febbraio 1823, questa scena:

> Anche la strada che conduce a questo luogo prepara lo spirito alle impressioni del sentimento. È tutta costeggiata di case destinate alle manifatture, e risuona dello strepito de' telai e d'altri tali istrumenti, e del canto delle donne e degli operai occupati al lavoro. In una città oziosa, dissipata, senza metodo, come sono le capitali, è pur bello il considerare l'immagine della vita raccolta, ordinata e occupata in professioni utili. Anche le fisionomie e le maniere della gente, che s'incontra per quella via, hanno un non so che di più semplice e di più umano che quelle degli altri; e dimostrano i costumi e il carattere di persone, la cui vita si fonda sul vero e non sul falso, cioè che vivono di travaglio e non d'intrigo, d'impostura e d'inganno come la massima parte di questa popolazione.

In una città dove il poeta vede prevalere «intrigo e impostura» (non è stato l'unico, del resto) egli sceglie di raccontare quelli che vede applicati ad una vita raccolta, a «professioni utili», persone la cui esistenza poggia «sul vero e non sul falso». La sua è chiaramente una scelta poiché il gran teatro di Roma offre di tutto.

Nei suoi 2279 sonetti Giuseppe Gioachino Belli, fugacemente richiamato più sopra, non si occupa né di letterati né di borghesia. Descrive solo la plebe di Roma, anzi a quella plebe, alla sua lingua degradata e corrotta, dice di voler erigere un monumento. Nell'introduzione ai *Sonetti* scrive: «Non casta, non pia talvolta, sebbene devota e superstiziosa, apparirà la materia e la forma: ma il popolo è questo; e questo io ricopio, non per proporre un modello ma sì per dare un'immagine fedele di cosa già esistente, e, più, abbandonata senza miglioramento». Quella povera plebe «abbandonata senza miglioramento» è l'altra faccia, il relativo minore, della borghesia codina, reazionaria, ugualmente superstiziosa, molto ignorante, non casta né pia, che tanto dispiacque a Giacomo. Il 16 dicembre 1822 scrive a Carlo:

Il cardinal Malvasia b.m. metteva le mani in petto alle Dame nella sua conversazione, ed era un *débauché* di prima sfera e mandava all'inquisizione i mariti e i figli di quelle che resistevano ec. ec. Cose simili del cardinal Brancadoro, simili di tutti i Cardinali (che sono le più schifose persone della terra), simili di tutti i Prelati, nessuno dei quali fa fortuna se non per mezzo delle donne. Il santo papa Pio VII deve il Cardinalato e il Papato a una civetta di Roma [...] si diverte presentemente a discorrere degli amori e lascivia de' suoi cardinali [...]. Una figlia di non so quale artista, già favorita di Lebzeltern, ottenne per mezzo di costui e gode presentemente di una pensione di ottocento scudi l'anno [...]. La Magatti, quella famosa puttana di Calcagnini, ha 700 scudi di pensione dal governo.

Qui non si tratta di impressioni ma di fatti. Del resto che le favorite dei cardinali (o di altri potenti) guadagnassero a letto la «pensione» è faccenda consueta nei secoli, il potere conosce questi privilegi né è detto che vengano sempre per nuocere. Giulia Farnese per esempio era stata l'amante quindicenne di papa Alessandro VI che di anni ne aveva 58. Durante uno dei loro incontri intimi raccomanda al pontefice il fratello Alessandro Farnese, venticinquenne. Il papa lo fa cardinale. Alessandro diventerà a sua volta papa, col nome di Paolo III. Gli si devono varie novità: l'approvazione dell'ordine dei gesuiti, la convocazione del Concilio di Trento, l'istituzione della Santa Romana e Universale Inquisizione. Gli si deve anche uno sfrenato nepotismo che, curiosamente, porta ad un collegamento tra questa storia e quella che sarà narrata nel capitolo dedicato a Parma. Tra i suoi favoriti c'era il figlio Pier Luigi Farnese, probabilmente il primogenito, al quale nel 1545 (lo stesso anno in cui s'apriva il Concilio) affidò le città di Parma e Piacenza separandole dai territori dello Stato pontificio. Nasceva così quel ducato che sarebbe rimasto ai Farnese per circa due secoli e di cui vedremo tra poco gli sviluppi.

Quali furono i rapporti di Giacomo con le donne a Roma? Stenti, come nel resto della sua vita. Anche se giovane e non molto malato in quegli anni, il poeta doveva risultare di compagnia non piacevole, non attraeva il suo aspetto fisico, pare fosse molto sgradevole l'odore che spesso emanava da lui. Sarebbe stato necessario conoscere la sua immensa anima per amarlo. Ma non sono molti quelli disposti alla fatica di superare le apparenze e dotati di sufficiente perspicacia. Per conseguenza i suoi rapporti furono per lo più mercenari e, nemmeno quelli, facili. Il 6 dicembre, a Carlo:

> Al passeggio, in chiesa, andando per le strade, non trovate una befana che vi guardi. [...] Io fo molti giri per Roma in compagnia di giovani molto belli e ben vestiti. [...] È così difficile il fermare una donna a Roma come in Recanati, anzi molto più, a cagione dell'eccessiva frivolezza e dissipatezza di queste bestie femminine che [...] non amano altro che il girare e il divertirsi non si sa come, *non la danno* (credetemi) se non con quelle infinite difficoltà che si provano negli altri paesi. Il tutto si riduce alle donne pubbliche, le quali trovo ora che sono molto più circospette d'una volta, e in ogni modo sono così pericolose come sapete.

Avvezzo a Recanati, il poeta è spaventato dalla vastità di Roma anche se si tratta di una dimensione tutto sommato modesta se confrontata con quella delle grandi metropoli europee. Tale il timore, la diffidenza, l'infelicità, che quasi trascura i grandi monumenti, passeggia per via dei Condotti, percorre il Babbuino da piazza di Spagna a piazza del Popolo. Uno dei pochi luoghi che davvero lo attraggono è il convento di sant'Onofrio alle pendici del Gianicolo, dov'è il sepolcro del Tasso. Anche Chateaubriand, non molti anni prima, era rimasto così incantato dai luoghi da scrivere nelle sue *Memorie d'oltretomba*: «Se avrò la fortuna di finire i miei giorni qui, ho preso accordi per avere a sant'Onofrio una stanzetta adiacente alla camera dove morì il Tasso».

Quando ho visitato il convento, il giardino, le cappelle, l'affaccio su Roma, ho provato io stesso un'emozione simile per un fascino che, ancora oggi, è rimasto quasi completamente intatto. Così fu per Leopardi che durante lo scoraggiante soggiorno romano, provò a sant'Onofrio una delle poche vere emozioni. Al fratello Carlo in una lettera famosa del 20 febbraio 1823, scrive: «Venerdì 15 febbraio fui a visitare il sepolcro del Tasso e ci piansi. Questo è il primo e unico *piacere* che ho provato in Roma». E poi: «Molti provano un sentimento d'indignazione vedendo il cenere del Tasso, coperto e indicato non da altro che da una pietra larga e lunga circa un palmo e mezzo, e posta in un cantoncino di una chiesuccia. [...] Tu comprendi la gran folla di affetti che nasce dal considerare il contrasto fra la grandezza del Tasso e l'umiltà della sua sepoltura».

Fu soggiorno infelice quello romano, alla fine di aprile riprende, sconfitto, la strada di casa. Il 26 confida a Pietro Giordani: «Io non sono più buono a cosa alcuna del mondo».

Una curiosa coincidenza lega Leopardi al grande Giuseppe Gioachino Belli. Il poeta romano, che aveva sposato di malavoglia una ricca vedova di 14 anni più anziana, ebbe una passione durata a lungo per la marchesina Vincenza Roberti (che chiamava familiarmente Cencia); andò per anni a trovarla ogni estate nel paese dove costei risiedeva: Morrovalle, nelle Marche. Anche la marchesina aveva fatto un matrimonio di convenienza col medico condotto del paese, la si potrebbe vedere come una versione marchigiana di Madame Bovary. Facile dunque immaginare quale ventata d'aria nuova, quale eccitamento di novità dovesse rappresentare l'arrivo del poeta, la cui devozione certo non le dispiaceva, da una città come Roma. Del resto non è un caso che tra i sonetti composti dal Belli a Morrovalle (settembre 1831) ce ne siano di accesamente erotici. Un solo breve esempio:

Io sce vorrebbe franca una scinquina
Che nn'addrizzi ppiù tu cor fa' l'occhietto,
Che ll'altre cor mostrà la passerina.
(*A Nina*, 7 settembre 1831)

Morrovalle si trova a pochi chilometri da Recanati, la giovane Vincenza e i suoi famigliari erano spesso ospiti di casa Leopardi. Sulla base di una premessa per dir così di tipo logistico s'è posta più volte la domanda se i due poeti ebbero modo di conoscersi. Una risposta certa non c'è anche se è possibile che i due si siano incontrati nell'inverno 1831-32 quando il Belli abitava in piazza Poli e Leopardi poco distante, in via dei

Condotti. Certo la loro frequentazione rimase superficiale e d'occasione ed è un peccato perché alcune caratteristiche li accomunavano.

Erano entrambi sudditi pontifici, per cominciare. Entrambi di temperamento incline alla malinconia. Entrambi colpiti dal clima culturale angusto, retrogrado e avvilente della Roma papale dal quale cercarono scampo – ognuno a suo modo – con le loro opere. Chissà che cosa si sarebbero detti se avessero potuto ragionarne insieme. Li divideva però l'età. Belli era maggiore sette anni e sopravvivrà a Leopardi di un quarto di secolo. Giacomo muore a 39 anni, Belli a 72; Giacomo divorato dal suo male, Belli oppresso da una spettrale ipocondria. Scrive: «Sono solo in casa come il tempo che mi trascina». Rispondendo alla lettera di un lontano parente che l'aveva definito «poeta nato» scrive di sentirsi piuttosto «un poeta morto». Curiosamente sono quasi alla lettera le stesse parole che Giacomo riferirà a se stesso parecchio tempo prima che la morte lo sottragga finalmente alle sue pene. Questo accadrà il 14 giugno 1837. Qualche giorno dopo Antonio Ranieri scrive ad un amico: «Non è da dolere che abbia finito di penare; ma sì che per 40 anni abbia dovuto desiderare di morire: questo è il dolore immedicabile».

# Palermo, al confine tra due mondi

Palermo è una città 4D, in quattro dimensioni. Per cercare anche solo di sfiorarne la complessa fisionomia bisogna vederla nel suo spazio e nel tempo. Anni fa il barone Francesco Agnello che presiedeva l'Associazione Amici della Musica, personaggio quasi leggendario già in vita, una specie di califfo, mi sussurrò con la sua voce flautata: «Con la nostra associazione pattugliamo gli estremi confini della scala tonale ben temperata; subito alle nostre spalle comincia la pentafonia araba». Molte città italiane vanno viste tenendo conto di questa doppia dimensione spazio-temporale. A Palermo però lo spazio diventa addirittura una linea di confine tra due mondi, forse tre. Sospesa tra Occidente, mondo greco-bizantino e Islam, Palermo ha convissuto con gli uni e con gli altri, da ciascuno prendendo qualcosa ma anche cedendo una parte di sé. I costumi, l'organizzazione sociale, la diffidenza verso lo Stato, un'alterigia quasi sempre infondata, la ferocia nelle vendette, le reticenze ostinate, l'ossessione del segreto, l'uso di un dialetto quasi inaccessibile agli estranei, sono i portati di una cultura cento volte incrociata con popoli e dominatori diversi. Molte città e regioni italiane sono state attraversate e possedute da popoli ed eserciti venuti da fuori (fino alla metà del XX secolo, del resto), Palermo e la Sicilia però lo sono stati dieci volte di più: terra di frontiera e colonia con gli angioini, gli aragonesi, gli spagnoli, i savoiardi, gli austriaci, i borbonico-napoletani e, da ultimo, gli «italiani».

Quando, nel romanzo di Giuseppe Tomasi di Lampedusa *Il Gattopardo*, il buon piemontese Chevalley va a proporre al principe di Salina un posto da senatore del Regno, si sente rispondere: «Il peccato che noi siciliani non perdoniamo mai è quello di "fare". Siamo vecchi, Chevalley, vecchissimi. Sono venticinque secoli almeno che portiamo sulle spalle il peso di magnifiche civiltà eterogenee, tutte venute da fuori, nessuna germogliata da noi stessi, nessuna a cui abbiamo dato il la. [...] Da duemilacinquecento anni siamo colonia». Nel suo «essere colonia» l'isola ha vissuto cambi di dominazione addirittura convulsi. All'inizio del XVIII secolo, in poco più di vent'anni, l'isola è passata di mano tre volte. Dal 1713 i Savoia con Vittorio Amedeo II, poi dal 1720 gli austriaci, dal 1735 tornano gli spagnoli della dinastia borbonica, nel 1860 arriva Garibaldi con i suoi Mille.

Secoli prima c'erano stati i Fenici, i Cartaginesi, i Greci, i Romani, i Berberi, i Normanni, probabilmente anche altri, che avevano eletto quest'isola e questa città a loro sede, all'ombra dei palmeti, con il profumo degli aranci, il fruscio di una fonte, il frangersi delle onde su spiagge incomparabili. Un prolungato servaggio che a lungo andare si paga; la storia di Palermo è disseminata di rischi e di opportunità; solo di rado le seconde sono riuscite ad avere la meglio.

Questo tessuto sociale, permeabile e sfibrato, ha reagito alle angherie del potere nel solo modo consentito dalle circostanze e dalle tradizioni comuni agli oppressi, coltivando l'arte della vendetta ovvero costruendo un sistema parallelo di giustizia.

Del resto, prima che s'affermasse l'idea di affidare in esclusiva allo Stato l'uso legittimo della forza, il tentativo di ristabilire con le proprie mani una qualche «giustizia», una riparazione spontanea dei torti, la creazione di un eroe locale, era stata ovunque pratica corrente. La figura di Robin Hood, a metà tra storia, leggenda e superstiziosa fiducia, è tra le più note di queste incarnazioni: un uomo metà bandito e metà filantropo che (nella versione più popolare) abita come un elfo nei boschi dai quali sbuca all'improvviso per depredare i ricchi e ridistribuire ai poveri.

In Provenza, anche qui a metà tra storia e leggenda, è diffuso un mito analogo fondato sulla figura storica di Gaspard de Besse (dal borgo natale Besse-sur-Issole) definito da un distico in questi termini: «*Brigand pour la France, héros pour la Provence*».[1]

Reclutata una banda di uomini pronti a tutto negli angiporti di Tolone (siamo intorno al 1775), Gaspard si fa bandito; appostato lungo le strade maestre depreda le carrozze dei ricchi soprattutto forestieri; cambia continuamente il suo aspetto, organizza beffe facendosi gioco dei gendarmi. Una vita convulsa che si brucia rapidamente. Tradito da uno dei suoi, finisce appeso per il collo sulla piazza di Aix-en-Provence insieme al suo luogotenente Joseph Augias, infelice antenato collaterale dell'autore di questo libro. Al momento di salire sul patibolo avevano entrambi poco più di vent'anni.

E a Palermo? Esiste anche a Palermo un mito di questo tipo probabilmente molto antico, comunque diffuso a partire, anche qui, dal XVIII secolo. Lo vedremo tra poco. Prima è necessario tentare di capire perché qui, a differenza che in Inghilterra o in Provenza, il mito ha assunto caratteristiche così particolari, e persistenti.

Palermo, e più in generale la Sicilia, hanno una religiosità propria dove acquista grande evidenza l'esibizione del dolore e della morte. Guido Piovene, nel suo indimenticabile *Viaggio in Italia* (1957), scriveva a proposito di uno strano uso in questa città «araba, barocca, cupa, carica di fantasia»:

> I morti qui sono i portatori dei doni [ai bambini], anziché la Befana, ed il bambino esprime i suoi desideri scrivendo lettere allo zio, alla nonna, al padre defunti. Essi donano, oltre ai giocattoli, pupe di zucchero dipinto di cui i negozi sono pieni, paladini, fate, donzelle amazzoni sul ginnetto bianco, da sgranocchiare rompendole arto per arto.

La morte è una presenza, forse sarebbe meglio dire uno stato d'animo, diffuso e costante. Una morte spagnolesca, anch'essa barocca, la morte atroce delle vergini martirizzate, delle madonne trafitte di spade, degli scuoiati, dei bruciati vivi, degli appesi. La morte delle immense macchine religiose che il venerdì di Pasqua avanzano oscillando paurosamente con giovani che portano sulle spalle schiacciate dal peso tonnellate di legno, gesso, ornamenti, manti, luci, ex voto, tra due ali di folla affascinata e sgomenta che si segna, fissa la statua, conta le ferite, si tratti della Madonna addolorata o dell'urna che contiene la realistica statua del Cristo rigato di sangue, segnato dal tormento come lo sono i volti dei flagellanti che durante il percorso si frustano fino a far zampillare sangue dalle ferite.

Fu a Palermo del resto che i tribunali dell'Inquisizione organizzarono i più riusciti auto da fé. Pietro Zullino, che sulla città ha scritto un libro ormai purtroppo introvabile, ricorda che l'auto da fé palermitano diventò presto un colossale spettacolo, una vera festa popolare. Si allestivano tribune per ospitare gli spettatori di riguardo che aspettando le esecuzioni mangiavano e bevevano allegramente: «Nei palazzi baronali la tecnica del rogo e la resistenza fisica e morale del condannato erano oggetto di commenti per mesi, un po' come accadeva in Spagna con il buon toro della corrida».[2] A Ferragosto del 1573 bruciarono contemporaneamente un musulmano, un sospetto musulmano e un vecchietto «lo quale sosteneva che l'anima muore col corpo». Il tripudio popolare fu enorme. Il fasto di questi spettacoli lasciava spesso ammirati gli stessi spagnoli.

La macchina del Santo Uffizio era non solo implacabile ma anche assai estesa. Nel 1577, sempre stando a Pietro Zullino, il viceré don Marcantonio Colonna calcolò che nell'isola lavoravano per il Santo Uffizio non meno di 24 mila persone di cui 15 mila nella sola Palermo. Tutti insieme componevano la cosiddetta Famiglia dell'Inquisizione; in qualità di spie dei domenicani, godevano del privilegio di non pagare tasse. Appare legittimo il confronto con le attuali istituzioni regionali altrettanto dispendiose e pletoriche.

Nell'inverno 2012 si è tenuta nel Museu Nacional de Arte Antiga di Lisbona una mostra intitolata *Cuerpos de dolor*, dedicata proprio all'immagine del sacro nella cultura iberica del XVI secolo, epoca che segnò l'apice della Controriforma con i suoi tribunali e i suoi roghi. Statue straziate dal dolore, simboli di sconfinata afflizione, una cupa spiritualità che si incarnerà nelle palpitanti visioni delle sante vergini, nella severità di ordini religiosi dove l'obbedienza andava esercitata *perinde ac cadaver*, al modo d'un cadavere. È la sofferenza estrema; il grande pittore seicentesco Francisco de Zubarán la ritrarrà nei suoi crocifissi dove il corpo del Cristo perduta ogni stilizzazione sacra è solo il cadavere di un giustiziato contorto dal dolore, inchiodato al suo patibolo.

Fu allora che in Spagna e nei vari territori della corona spagnola, ma anche a Roma, si diffuse l'uso delle processioni sacre durante le quali l'esibizione d'un corpo martoriato o il rapimento estatico di un eremita che fissa le orbite vuote d'un teschio diventarono strumento di messa in guardia e di conversione.

Dopo di allora le macchine sceniche hanno continuato anno dopo anno a percorrere le strade di tante città del Mezzogiorno italiano, trovando a Palermo uno dei palcoscenici più idonei.

La sofferenza dei santi e dei martiri contrapposta alle effimere lusinghe della vita, l'ammonimento ma anche il richiamo esercitato dalla morte, che appare perfino come nei dolcetti di zucchero colorato per i bambini. Rappresentazioni e manifestazioni che offrono l'immagine di un dio severo pronto a punire ogni minima trasgressione. Non solo in Sicilia. Lo storico e matematico americano Morris Kline scrive che durante il XVII secolo: «I preti affermavano che quasi tutti sarebbero andati all'inferno dopo la morte e descrivevano con ricchezza di particolari le torture spaventose che attendevano per l'eternità i dannati. [...] Dio era presentato non come il salvatore bensì come il flagello dell'umanità. [...] I cristiani venivano esortati a spendere il loro tempo meditando sulla dannazione eterna al fine di prepararsi alla vita dopo la morte».[3] Si perpetuava così l'antica funzione della fede religiosa come freno alle passioni. Già il sofista Crizia, in un dramma satiresco, aveva enunciato la teoria poi divenuta celebre secondo cui gli dei furono inventati proprio al fine di tenere a bada i comportamenti degli esseri umani. Polibio, ammiratore del sistema romano, scrisse: «Secondo un proposito preciso gli antichi hanno inculcato nelle masse le nozioni sugli dei e l'aldilà». Tali idee – notava il grande storico – «tengono a freno le violente passioni delle masse». E concludeva: «Sconsiderati i moderni che cercano di disperdere queste illusioni». Concezioni come queste via via decaddero salvo fissarsi in alcuni luoghi, tra questi Palermo e la Sicilia, quasi che qui fosse necessario un sovrappiù d'ammonimento per porre un freno ai comportamenti mantenendoli nell'ambito della reciproca tolleranza.

La storia di santa Rosalia, protettrice della città, è di enorme significato. Rosalia era nata a Palermo nel 1128 figlia del conte normanno Sinibaldo della Quisquina che reclamava una discendenza da Carlo Magno. Sua madre, Maria Guiscardi, vantava anch'essa legami con la corte normanna. La giovinetta, precocemente monacata, s'era poi fatta romita sul monte Pellegrino lì rimanendo in solitaria meditazione fino alla morte. Ci si sarebbe forse dimenticati di lei se nel Seicento, secolo di pestilenze, carestie e miseria, non si fosse abbattuto su Palermo il flagello d'una terribile peste. Qualcuno, pare una malata di nome Girolama Gatto, disse d'aver visto in sogno (o forse nel delirio febbrile) una fanciulla che le indicava una grotta del monte Pellegrino. Si rintracciò in qualche modo la grotta e, dopo un gran scavare, furono trovate anche le ossa della pia fanciulla. I gesuiti s'incaricarono di verificarne l'autenticità. Non potendo eseguire analisi di tipo genetico, la ricerca fu affidata più che altro alla buona volontà e alla provata fede di alcuni medici. Il 22 febbraio 1625 le ossa di Rosalia vennero consegnate alla giunta comunale e, nel successivo mese di giugno, la vergine morta cinque secoli prima venne proclamata santa. Secondo Pietro Zullino, nel libro citato, il culto di santa Rosalia va fatto risalire al suo legame con la famiglia imperiale di Federico II, svevo e normanno, l'uomo, il re, che per trent'anni, dal 1220 al 1250, aveva reso Palermo capitale del Sacro Romano Impero, centro politico del mondo.

Ancora oggi è opinione diffusa che furono i resti di Rosalia, portati in solenne processione attraverso la città, a fermare la terribile pestilenza. Il suo culto dilagò al punto da sostituire quelli delle quattro sante precedenti (Cristina, Agata, Oliva, Ninfa); la venerazione di cui venne fatta oggetto la innalzò al livello altrove riservato a Maria, madre di Gesù.

Anche questo caso conferma il culto che la città riserva ai morti e alle loro reliquie. A Palermo esiste tra l'altro la più ampia e macabra raccolta di mummie d'Europa, forse del mondo. Da otto a diecimila salme giacciono a vista nelle bare scoperchiate, oppure pencolano, appese ai muri, nelle pose drammatiche, grottesche, oscene che la morte e il tempo hanno causato, fauci spalancate in un ultimo grido muto, teschi ricoperti a metà di lacerti di pelle, membra contorte, quali rivestite di un sacco penitenziale, quali in abito o in uniforme di gala, dame in cuffia e crinoline, frati, commercianti, baronesse, borghesi e ufficiali, vergini morte alla vigilia delle nozze con l'abito da sposa che non ebbero tempo d'indossare e che ormai pende a brandelli, bambini. Un esercito di morti che ricorda ai vivi la sorte che tutti attende.

Il convento che ospita nei suoi sotterranei questo terrificante teatro è quello dei cappuccini, una delle famiglie di frati minori francescani così detti dopo che avevano aggiunto un cappuccio alla povera tunica indossata da Francesco il fondatore. È annesso alla chiesa di santa Maria della Pace nel quartiere Cuba e risale al XVI secolo. Il primo ad esservi inumato fu alla fine del Cinquecento un certo frate Silvestro da Gubbio, seguirono molti altri frati; poi si aggiunsero persone estranee che desideravano lasciare visibile traccia di sé nonché occasione di visita da parte dei parenti. Il processo d'imbalsamazione e di conservazione, favorito dal microclima dell'ambiente, era però costoso il che spiega perché le salme siano praticamente tutte di aristocratici o di borghesi abbienti. Il defunto veniva eviscerato, come in ogni processo di questo tipo, quindi adagiato in un colatoio per un periodo che poteva durare anche un anno; al termine la salma veniva lavata con aceto o arsenico, riempita di paglia, ricucita, rivestita dei suoi abiti, disposta lungo le pareti accanto o sotto a chi l'aveva preceduta nell'estremo tragitto.

In molte culture l'orribile spettacolo della corruzione *post mortem* viene nascosto agli sguardi. Il gusto seicentesco e barocco ne fa invece oggetto di rappresentazione, lo esibisce, con il pretesto di utilizzarlo come ammonimento. All'ingresso di un altro cimitero tenuto dai cappuccini, quello romano di via Veneto, si legge il brutale ammonimento: «Ciò che fummo tu sei, ciò che siamo sarai».

Nel Qohelet (Ecclesiaste), uno dei libri sapienziali

della Bibbia, leggiamo due volte la frase «*Vanitas vanitatum et omnia vanitas*», vanità delle vanità, tutto è vanità. Sentenza che ha numerosi possibili significati e che Giacomo Leopardi interpretò in senso radicale richiamandola nel finale del canto *A se stesso* nel celebre e sconsolato verso: «l'infinita vanità del tutto».

*Vanitas* si chiama in pittura una natura morta che contenga i simboli della caducità della vita rappresentabile in molti modi anche se il teschio è uno dei mezzi più eloquenti e immediati. È con un teschio in mano che Amleto, nella tragedia di Shakespeare, riflette sulla brevità della vita. Dice uno dei becchini rivolto al pallido principe: «*This same skull, sir, was Yorick's skull, the king's jester*» – questo teschio, signore, è quello di Yorick, il buffone del re. La rivelazione stimola i ricordi di Amleto: «Qui erano le labbra che baciai non so quante volte. Dove sono ora le tue facezie, le burle, le canzoni, i giochi di parole con cui facevi ridere l'intera tavolata? Affacciati allo specchio della mia bella, dille che si dipinga quanto vuole, è questo l'aspetto che in ogni caso l'attende».

La *Vanitas* – per chiamarla così – messa in scena da Amleto è interessante anche per l'accostamento tra la morte e la follia di Yorick anche se in quel caso si trattava, almeno in parte, d'una follia esibita per divertire il re o per dire verità inopportune facendole passare per follie. È lo stesso espediente che usa Pirandello nel suo *Enrico IV*, probabilmente il suo capolavoro.

Siamo nei primi del Novecento, un nobile che partecipa ad una cavalcata in costume mascherato da Enrico IV viene fatto cadere dal suo rivale in amore. Batte la testa e sviene, quando torna in sé crede di essere davvero l'imperatore di Germania, anche perché amici e familiari lo assecondano in questa finzione. Dopo parecchi anni l'uomo rinsavisce, però continua a simulare la pazzia per potersi impunemente vendicare del suo antico rivale che dopo averlo fatto cadere da cavallo gli ha anche sottratto la donna amata. Il rapporto tra pazzia e normalità, tra finzione e verità è centrale nel teatro di Pirandello. Una finta follia è invocata per esempio anche ne *Il berretto a sonagli* dove serve a salvare le apparenze e dunque la reputazione borghese del protagonista. Leonardo Sciascia, scrittore siciliano come Pirandello, la riprende in un suo breve saggio dal titolo *La corda pazza* dove cita una battuta sia de *Il berretto* sia dell'*Enrico IV*:

«Deve sapere che abbiamo tutti come tre corde d'orologio in testa. La seria, la civile e la pazza.»
«E via sì sono pazzo! Ma allora, perdio, inginocchiatevi! Inginocchiatevi! Vi ordino di inginocchiarvi tutti davanti a me – così. E toccate tre volte la terra con la fronte! Giù! Tutti, davanti ai pazzi, si deve stare così.»

*La corda pazza* è il titolo complessivo che Sciascia ha dato all'intera raccolta dove chiarisce la sua idea di «sicilitudine» ovvero quel misto di contraddizioni e falsità ma anche di verità esasperate e gridate che è a suo avviso tipico della gente di Palermo e dell'isola. Alla base di tutto, fa notare, c'è un fattore geografico:

«La Sicilia è un'isola al centro del Mediterraneo; ma alla sua importanza in un sistema, per così dire, strategico, cioè come chiave di volta che ha assicurato potenza e dominio ai popoli conquistatori, paradossalmente ha corrisposto una vulnerabilità di difesa, un'insicurezza [...] che l'ha resa aperta e disponibile ad ogni azione militare e politica». Tornando poi sull'eterno tema di quella piccola terra posta al centro d'ogni traffico nel mare più antico del mondo, aggiunge: «Quel mare ha portato alle loro spiagge cavalieri berberi e normanni, i militi lombardi, gli esosi baroni di Carlo d'Angiò, gli avventurieri che venivano dall'"avara povertà di Catalogna", l'armata di Carlo V e quella di Luigi XIV, gli austriaci, i garibaldini, i piemontesi, le truppe di Patton e di Montgomery; e per secoli, continuo flagello, i pirati algerini che piombavano a predare i beni e le persone. La paura "storica" è diventata paura "esistenziale"».

Una delle più avvincenti storie sulla follia, più volte ricordata da Sciascia ma anche da Andrea Camilleri, è quella della Real casa dei matti sorta a Palermo per volontà del barone Pietro Pisani, uomo ispirato dai più nobili ideali di progresso, non privo nemmeno lui di una cospicua vena di pazzia. Famoso ad esempio lo sdegno che gli provocò il sonoro fiasco che i palermitani riservarono al *Così fan tutte* di Mozart al Real Teatro Carolino. Per riparare l'affronto all'immenso artista, avvenuto quasi mezzo secolo prima!, il barone fece allestire a sue spese una rappresentazione del

*Flauto magico* alla quale assistette, pare, da solo. Del resto firmava spesso la sua corrispondenza facendo precedere titolo e nome dalla dicitura «Primo pazzo di Sicilia». Insomma, commenta Camilleri: «Il barone Pisani è il classico esempio del siciliano che ha, come afferma Pirandello nel *Berretto a sonagli*, tre corde in testa, la seria, la civile e la pazza e che dunque agisce a seconda di quale corda abbia in quel momento ritenuto opportuno tirare».[4]

Il caso volle che il barone Pisani dovesse davvero occuparsi in modo per dir così professionale, dei pazzi. Anzi, non il caso bensì il luogotenente generale marchese Pietro Ugo che nel 1824 lo nominò direttore dell'ospizio dei matti allora ospitati nel convento dei Teresiani scalzi. Erano anni in cui la follia era spesso considerata una punizione divina per colpe commesse anche in un remoto passato da un qualche avo. Una concezione di tipo superstizioso che spiega, in parte, le condizioni spaventose in cui quegli sventurati erano tenuti. D'altronde, sia detto per chiarezza, non molto diverse erano le condizioni dei manicomi nel Regno d'Italia e nella stessa Repubblica italiana fino alla riforma promossa da Franco Basaglia nel 1978.

È lo stesso barone Pisani a darci questo terrificante resoconto:

Lo abbandono, nel quale trovai per verità questo luogo, se dai miei occhi non fosse stato veduto, da chiunque uditolo avessi, io non lo avrei giammai creduto. Esso la sembianza di un serraglio di fiere presentava piuttosto che di abitazione di umane creature. In volgere lo sguardo nell'interno dell'angusto edificio, poche cellette scorgevansi oscure sordide malsane: parte ai matti destinate, e parte alle matte. Colà stavansi rinchiusi, ed indistintamente ammucchiati, i maniaci i dementi i furiosi i melanconici. Alcuni di loro sopra poca paglia e sudicia distesi, i più sulla nuda terra. Molti eran del tutto ignudi, vari coperti di cenci, altri in ischifosi stracci avvolti; e tutti a modo di bestie catenati, e di fastidiosi insetti ricolmi, e fame e sete, e freddo, e caldo, e scherni, e strazj, e battiture pativano. Estenuati gl'infelici, e quasi distrutti gli occhi tenean fissi in ogni uomo che improvviso compariva loro innanzi; e compresi di spavento per sospetto di nuovi affanni, in impeti subitamente rompeano di rabbia e di furore. Quindi assicurati dagli atti compassionevoli di chi pietosamente li guardava, dolenti oltre modo pietà chiedevano, le margini dei ferri mostrando, e le lividezze delle percosse di che tutto il corpo avean pieno.

Il Pisani si batté per migliorare le condizioni dei ricoverati con un tale impegno che in capo a pochi mesi già il palermitano «Giornale d'Intendenza» poteva scrivere: «Lo spedale dei matti [...] affidato alle cure di un deputato pieno di filantropiche idee, ha grandemente migliorato il suo aspetto e si è già, mercé l'aumento delle risorse, incamminato per quella perfezione che dovrà un giorno portarlo al livello dei primi stabilimenti di materia esistenti in Europa». Aumento delle risorse voleva dire in primo luogo più denaro ma soprattutto più medici e istruzioni chiare allo scopo di perseguire finalità precise secondo una visione rinnovata anche dal punto di vista terapeutico e «culturale». Può sembrare incredibile ma alcuni dei provvedimenti anticipavano al 1825 ciò che il professor Basaglia dovrà di nuovo introdurre con la sua riforma negli anni Settanta del Novecento: abolizione delle bastonate, delle catene, della contenzione forzata, integrazione delle cure (non molte, per la verità) con un aumento delle ore di ricreazione e di svago.

Il barone Pisani è stato un benemerito rappresentante di quella nobiltà illuminata da ideali di progresso laico e civile che rigettava la concezione fatalista della follia come punizione divina, riconducendola al livello della patologia mentale alla quale appartiene. Del resto Pisani non si limitò a far curare i matti, il suo umanesimo lo portò per esempio anche a salvare dall'espatrio le metope di Selinunte avviando un ripensamento sul patrimonio archeologico dell'isola che comportò una svolta anche legislativa nella Sicilia borbonica.

Follie, stravaganze, eccentricità abbondano nell'isola e nella sua capitale. Talvolta rivolte al bene, talaltra no. L'esempio forse più affascinante di questa seconda possibilità è il celeberrimo Giuseppe Giovanni Battista Vincenzo Pietro Antonio Matteo Balsamo, meglio noto come Alessandro, Conte di Cagliostro o più semplicemente: Cagliostro. Non provo nemmeno a riassumere la sua vita agitata di geniale furfante, falsario, imbonitore, taumaturgo e ladro. Troppe le attività, troppi i luoghi dove visse, una volta fuggito dalla natia Palermo, dov'era nato nel 1743 da poveri genitori rimanendo, per di più, precocemente orfano di padre. Riscattò le origini umili cucendosi addosso una biografia fantastica dove si mescolavano frammenti di storie orientali, presunti poteri magici, capacità quasi miracolose. Raccontava di aver trascorso la fanciullezza alla Mecca, di aver appreso i segreti degli antichi sacerdoti egizi, ma anche l'arte di trasmutare le proprietà dei metalli nonché i principi alchemici che gli consentivano di trasformare il piombo in oro.

Non bisogna dimenticare che alla metà del Settecento l'antico Egitto era un luogo che ancora apparteneva più al mito che alla geografia. Solo dopo la campagna di Napoleone (1798-1801) si comincerà ad avere qualche idea più precisa su quei territori e quell'antica civiltà. A Cagliostro la vicenda dell'Egitto dovette sembrare un'invenzione proficua, sostenibile senza troppi rischi. Arrivò ad inventarsi una loggia massonica di rito egiziano di cui si autonominò Gran Cofto, qualcosa come Sommo Sacerdote. Scopo del Rito Egizio era niente meno che la rigenerazione del genere umano per ricondurlo alla condizione precedente al «peccato originale». Perfezionò l'idea a Lione dove fondò la Loggia Madre intitolata (in accordo con lo spirito dei tempi che aveva prontamente intuito) La sagesse triomphante. La procedura d'iniziazione, di sua invenzione, le misteriose pratiche rituali, unite al magnetismo che sicuramente l'uomo doveva sprigionare, affascinarono intellettuali e potenti in tutta Europa. In pratica soggiornò ovunque, dalle lontane Russie a Malta, da Lisbona a Londra, ora sedendo alla mensa dei regnanti ora rinchiuso in un carcere.

Nel 1768, dunque a 25 anni, sposa a Roma Lorenza Serafina Feliciani che di anni ne ha 17, anche lei di umilissime origini, analfabeta. Scaltra però e disposta a tutto, anche a prostituirsi nei momenti di bisogno o ad organizzare tranelli amorosi nei quali attirare qualche gonzo. A Londra per esempio seduce un ingenuo quacchero, d'accordo con il proprio marito che infatti all'improvviso sopraggiunge sorprendendoli sul più bello. Simulando scandalo e indignazione per il tradimento, Cagliostro finge di volersi vendicare col sangue, salvo poi accontentarsi di un risarcimento in denaro. L'astuta giovinetta tenne bordone a suo marito anche in faccende molto più complicate. Cambiato il nome in quello di principessa Serafina o Regina di Saba, si fece nominare Grande Maestra del Rito d'adozione, cioè d'una Loggia speciale riservata alle donne cui era allora impedita (come oggi del resto) l'ammissione alla massoneria.

La fine di Cagliostro fu orribile. Dopo aver sfiorato, anche se in posizione marginale, il celebre «scandalo della collana» di Maria Antonietta, secondo alcuni una delle cause della Rivoluzione del 1789, dopo essere sfuggito cento volte alla punizione della legge qua e là per l'Europa, cadde in un tranello teso dai servizi segreti del papa. Due spie del pontefice lo avvicinarono un giorno a Roma chiedendo l'ammissione alla sua Loggia. Cagliostro avviò la consueta cerimonia d'iniziazione senza badare al fatto che stava violando le leggi in vigore nei territori vaticani che vietavano, pena la morte, le associazioni massoniche. Le due spie prontamente si dileguarono senza nemmeno pagare – suprema beffa – la quota d'iscrizione concordata. Siamo nel 1789, anno fatale. La moglie Serafina, complice di tante avventure, quando vede la mala parata, corre a denunciare suo marito ad un parroco; questi trasmette il documento al Santo Uffizio che subito ne rende partecipi le supreme gerarchie pontificie. Papa Pio VI convoca il segretario di Stato e altri cardinali. Nella notte del 27 dicembre Cagliostro viene arrestato e rinchiuso in Castel sant'Angelo; sua moglie è inviata al domicilio coatto nel convento di sant'Apollonia; un povero frate cappuccino che Cagliostro era riuscito ad affiliare alla Loggia viene rinchiuso nel convento dell'Ara Coeli.

Le accuse contro di lui sono numerose e gravissime: massone, mago, eresiarca, bestemmiatore contro Dio la Madonna i santi, contro i culti cattolici, falsario, calunniatore, truffatore, sedizioso. Ce n'era più che abbastanza per il patibolo. Come si difese il geniale ciurmatore? Facendosi scemo, potremmo dire, compiendo una giravolta che di colpo lo trasferiva dalla categoria di nobile e geniale innovatore a quella di ciarlatano. Il suo avvocato, Carlo Costantini, lo descrisse come un povero imbroglione privo di prestigio che aveva campato vendendo illusioni come farà poi un Dulcamara qualsiasi. Un farabutto certo ma di piccola taglia, nulla che dovesse preoccupare la Chiesa, soprattutto non un eretico (era questa l'accusa più grave) per manifesta incompetenza teologica. Quanto a sua moglie, si trattava di una prostituta le cui parole d'accusa non meritavano la minima credibilità.

Il 7 aprile 1791 il Santo Uffizio emise la sentenza dove tra l'altro stabiliva che: «A titolo di grazia speciale, gli si commuta la pena [di morte] nella consegna al braccio secolare col carcere perpetuo in una qualche fortezza, ove dovrà essere strettamente custodito, senza speranza di grazia. E fatta da lui l'abjura come eretico formale nel luogo della sua attual detenzione, venga assoluto dalle censure, ingiungendogli le dovute salutari penitenze». La fortezza prescelta era una delle più terribili, la Rocca di san Leo nell'Appennino tosco-romagnolo. In quel tetro maniero si scelse per lui una cella che era già una tomba. Era chiamata il «Pozzetto», un cubicolo dotato di una minuscola finestra, unico arredo un tavolaccio, nessuna apertura nelle mura salvo una botola nel soffitto attraverso la quale il prigioniero veniva calato a mezzo di funi poi prontamente ritirate. Cagliostro tentò d'adottare un ultimo mascheramento: si dette ad atti di grande devozione in modo che i guardiani, che di tanto in tanto s'affacciavano alla botola, lo trovassero immerso in qualche preghiera mentre si batteva il petto, o intento a tracciare sul muro immagini sacre, o mentre fissava con espressione estatica un crocefisso che gli avevano concesso di tenere. Giunse a rifiutare il cibo come atto penitenziale. Probabilmente all'iniziale simulazione subentrò in quel luogo terribile fatto di eterne giornate senza speranza una reale follia dalla quale lo liberò la morte nell'agosto del 1795 in età di 52 anni.

Sua moglie, la cui testimonianza era stata determinante, al processo venne assolta ma non uscì mai più dal convento. Il povero cappuccino venne condannato a dieci anni di reclusione da scontarsi come abbiamo visto nel convento dell'Ara Coeli. Quando si scoprì il cadavere di Cagliostro, morto dopo un'agonia di tre giorni, il cappellano del carcere annotò:

Restò in quello stato apoplettico per tre giorni, ne' quali sempre apparve ostinato negli errori suoi, non volendo sentir parlare né di penitenza né di confessione. Infine de' quali tre giorni Dio benedetto giustamente sdegnato contro un empio, che ne aveva arrogantemente violate le sante leggi, lo abbandonò al suo peccato ed in esso miseramente lo lasciò morire; esempio terribile per tutti coloro che si abbandonano alla intemperanza de' piaceri in questo mondo, e ai deliri della moderna filosofia.

Nel 2003 è uscito un film genialmente sgangherato di Daniele Ciprì e Franco Maresco dal titolo *Il ritorno di Cagliostro*. S'immagina che il regista fallito Pino Grisanti scritturi un vecchio divo di Hollywood ormai alcolizzato, Erroll Douglas, per fargli impersonare il leggendario personaggio. Accade invece che l'anziano attore, nel lanciarsi con un balzo da una finestra, finisca a picco sul selciato; non muore però impazzisce per cui passerà in un asilo per alienati il resto dei suoi giorni. Nell'immaginario curriculum del Grisanti figura una pellicola da lui girata in precedenza che ha per titolo *Gli invincibili Beati Paoli*. Non a caso i due sceneggiatori Ciprì e Maresco hanno riunito nella stessa vicenda la figura di Cagliostro, compresa la finale pazzia, e quella dei Beati Paoli. Si tratta di due miti poderosi e tuttora vitali nei quali ci si imbatte spesso occupandosi di Palermo e della Sicilia.

Nel 1909 lo scrittore e giornalista Luigi Natoli cominciò a far uscire sul «Giornale di Sicilia», con lo pseudonimo di William Galt, un *feuilleton* di ben 239 puntate la cui pubblicazione andò avanti fino al gennaio dell'anno successivo. Il titolo era appunto *I Beati Paoli*. Il successo del romanzo fu enorme, l'editore Flaccovio ha continuato a ristamparlo per anni. Nella prefazione ad una delle varie edizioni, Umberto Eco traccia alcune distinzioni tra romanzo storico e romanzo popolare. Quello di Natoli, scrive, è da attribuire sicuramente a questa seconda specie e trova i suoi antesignani in Dumas, Sue, Ponson du Terrail. L'intrico delle vicende è tale che tentare di riassumerle sarebbe inutile. Nella stessa edizione, precede la narrazione anche un altro saggio ricco di notizie: *Storia e leggenda dei Beati Paoli* di Rosario La Duca.

I Beati Paoli, sui quali esiste un'ampia e fantasiosa pubblicistica, erano i membri d'una setta segreta, che alcuni fanno risalire addirittura al XII secolo; il loro scopo era di riparare o vendicare i torti fatti alla povera gente. La setta sarebbe stata insomma la risposta privata, al di fuori delle leggi, alle angherie dei nobili che nei loro feudi avevano tra gli altri il potere di amministrare – secondo i loro comodi – la giustizia. Secondo Natoli/Galt i Beati Paoli si riunivano, incappucciati, in un tribunale sotterraneo situato sotto il rione palermitano detto del Capo. Il dedalo dei cunicoli è fatto risalire ad un'antica necropoli paleocristiana del IV secolo collocata tra la chiesa di santa Maruzza e il vicolo degli Orfani. Esiste effettivamente nella zona una spaziosa cavità posta quattro metri sotto il livello del suolo dotata di un sedile di pietra che corre tutt'intorno. Immaginare un tribunale segreto intento a sentenziare, alla luce tremolante delle torce, si adatta a quell'ambiente tenebroso.

Nessuno ha potuto stabilire con certezza se i racconti sui Beati Paoli corrispondano a una verità storica o siano nati da leggende e poi tramandati oralmente attraverso le generazioni. Sappiamo solo che, a partire dalla fine dell'Ottocento, si diffuse in Sicilia la convinzione che la setta e i suoi vendicatori fossero davvero esistiti.

Del resto l'effettiva storicità degli eventi in questo caso ha pochissima importanza. Come nelle materie di religione, anche qui ciò che davvero conta è il bisogno di credere, la consolazione che si può ricavare dalla fiducia che da qualche parte, in un sotterraneo o in un palazzo, ci sono uomini che entrano in azione per ristabilire una qualche giustizia che compensi i tanti torti subiti. Il lettore di un romanzo popolare, fa notare Eco nella prefazione citata: «Chiede alla pagina fantastica di consolarlo con immagini di giustizia, gestite da altri, per fargli dimenticare quanta poca giustizia egli abbia nella realtà». Ancora prima Antonio Gramsci aveva scritto (in *Letteratura e vita nazionale*) che il romanzo d'appendice fa fantasticare l'uomo del popolo così compensando il suo «complesso d'inferiorità (sociale)».

Secondo un'ipotesi avanzata più volte i Beati Paoli sarebbero gli antesignani della mafia, tanto più che gli affiliati alla setta avevano sì compito di protettori dei deboli ma c'è invece chi li dipinge come sicari che uccidevano per denaro. La Duca nega nel suo saggio l'esistenza di questo collegamento. La mafia, scrive, ha un'origine agraria connessa al disgregarsi della struttura feudale all'inizio del XIX secolo, quando la setta dei Beati Paoli era estinta da tempo. Un collegamento tra il mito dei Beati Paoli e la realtà storica del fenomeno mafioso tuttavia si può trovare. Se n'erano resi conto già nel 1876 due illuminati uomini politici, Leopoldo Franchetti e Sidney Sonnino, autori di *Condizioni politiche e amministrative della Sicilia*, un rapporto sulla Sicilia che per la prima volta fotografava con precisione le condizioni esistenti nell'isola. I due autori descrissero il fenomeno mafioso come nato da: «Un sentimento medievale di colui che crede di poter provvedere alla tutela ed alla incolumità della persona e dei suoi averi, mercé il suo valore e la sua influenza personale indipendentemente dall'azione dell'autorità e delle leggi», sentimento che si accentua nella cosiddetta omertà per cui si ritiene come primo dovere di un uomo quello di farsi giustizia con le proprie mani dei torti ricevuti.

La diffidenza nei confronti dello Stato da chiunque rappresentato, l'eterna rassegnazione che trova compenso nella vendetta, il dover assecondare gli eventi piegandosi alle circostanze, sono tutte componenti che certamente si trovano anche nel fenomeno mafioso. Infatti così l'hanno descritto non solo numerosi saggi sull'argomento ma la stessa ricchissima letteratura siciliana.

Il caso più noto è ovviamente il *Gattopardo*, capolavoro di Tomasi di Lampedusa, la cui vicenda è centrata proprio su questa capacità di rassegnazione vista nel momento di passaggio tra il Regno borbonico e l'Unità della Penisola sotto la monarchia sabauda. Molti anni prima del *Gattopardo* c'era stato però un altro romanzo che aveva anticipato lo stesso tema: *I viceré* di Federico De Roberto pubblicato nel 1894. D'impronta fortemente verista, il romanzo racconta la storia della famiglia Uzeda. Anticipando il suo progetto ad un amico, De Roberto lo descrisse così: «La storia d'una gran famiglia, la quale deve essere composta di quattordici o quindici tipi, tra maschi e femmine, uno più forte e stravagante dell'altro. Il primo titolo era *Vecchia razza*: ciò ti dimostri l'intenzione ultima, che dovrebbe essere il decadimento fisico e morale d'una stirpe esausta».[5]

La vicenda, che coinvolge varie generazioni, si chiude con la storia di Consalvo Uzeda, figlio del principe Giacomo XIV, che scala la carriera politica e pur essendo in cuor suo un fiero reazionario borbonico finge, sentita l'aria, di avere idee di sinistra così riuscendo a farsi eleggere deputato al Parlamento. «Chinati giunco che passa la piena» dice un proverbio siciliano che ben descrive questo stato d'animo.

Non tutto è così, non tutti sono così. Ma il fatto che questi sentimenti tornino di frequente nella letteratura, anche in Pirandello in Verga o in Sciascia, oltre che in Tomasi di Lampedusa, diventa rivelatore di un sintomo. Salvatore Savoia, studioso di storia e vicende siciliane, nella premessa alla sua biografia *Giuseppe Tomasi di Lampedusa*, scrive che l'unificazione italiana all'inizio suscitò qualche entusiasmo nell'isola. Ben presto però: «Le illusioni di redenzione miracolosa si sarebbero tradotte in fallimenti o sarebbero state sminuite dalla Storia fino a renderle illeggibili. E la Sicilia, astorica lungo tutta la sua storia, plaudente per secoli verso il dominatore di turno, fondamentalmente scettica ed insieme pronta mille volte ad inventarsi nuove illusioni, sarebbe rimasta immobile, appunto irredimibile. Da sempre, forse per sempre. Fino ad oggi comunque».[6]

# La scoperta del Sud

Luigi Carlo Farini (1812-1866), un autorevole politico di parte moderata, lasciata la carica di ministro degli Interni, nel 1860 segue Vittorio Emanuele II a Napoli. C'era anche lui al famoso incontro di Teano (26 ottobre) in cui Garibaldi consegnò al re sabaudo l'Italia meridionale conquistata con i suoi Mille.

Il giorno dopo, Farini scrive a Cavour una lettera meno nota dell'incontro ma molto più significativa, dove tra l'altro riferisce al conte le sue impressioni sul Mezzogiorno: «Che paesi sono mai questi il Molise e la Terra di lavoro. Che barbarie! Altro che Italia! Questa è Affrica: i beduini, a confronto di questi caffoni, sono fior di virtù civile». Il mittente racconta, sconvolto, di come i Borbone avessero dato «carta bianca» alla peggiore feccia pur di mantenersi sul loro traballante trono; e come di questa sconfinata libertà, la plebe avesse approfittato nel peggiore dei modi: «Anche le donne caffone ammazzano; e peggio: legano i galantuomini [...] pe' testicoli e li tirano così per le strade, poi fanno ziffe zaffe; orrori da non crederci».[1]

La lettera è agitata e le condizioni mentali del mittente forse già pericolanti come poi i fatti confermeranno. Nemmeno lui però si sarebbe lasciato andare in quel modo se le sue espressioni non avessero trovato riscontro nel generale sconcerto di una classe dirigente che scopriva di colpo le miserevoli condizioni del Mezzogiorno.

Silvio Spaventa, che peraltro era di origini abruzzesi ed era tornato a Napoli dopo molte avventurose peripezie, conferma questo sgomento in una lettera a suo fratello Bertrando, sempre dell'ottobre 1860:

> È un chiedere, un acchiappare da tutte le parti quanto più si può, un armeggio e un intrigare, e un rubacchiare da per tutto. Non si vede modo né verso come questo paese possa rientrare in un assetto ragionevole; pare come se i cardini dell'ordine morale fossero stati sconficcati; temo che la venuta del Re e del suo governo gioverà poco o niente. Ma è necessario che venga e che venga subito.

Il senatore Diomede Pantaleoni (padre dell'economista Maffeo) nel 1861 scrive a Marco Minghetti: «In Calabria bisogna viaggiare come carovane nel deserto per difendersi dagli Arabi e da Beduini». Lo scrittore e giornalista Giuseppe Bandi, uno dei Mille, nel libro dedicato all'impresa definisce la lingua dei siciliani «africanissima». Ancora nel 1921 Giuseppe Prezzolini scriveva che l'Italia si divide in due parti: «Una europea, che arriva all'incirca a Roma, e una africana o balcanica che va da Roma in giù».[2] Nel 1909 l'insigne meridionalista, grande agrario, intellettuale e politico lucano, Giustino Fortunato scriveva che «il Nord è tutt'uno con l'Europa centrale, il Sud si riattacca alla zona mediterranea; da una parte l'Europa che finisce, dall'altra l'Africa Settentrionale e l'Asia Minore che incominciano». Viaggiando verso Palermo, aggiunge, s'era visto venire incontro un gruppo di uomini, «tutti a cavallo, colle papaline in testa e cogli schioppi attraverso la sella, come tanti beduini». Un grande spirito come Leopardi arriva a definire Napoli «città dei lazzaroni e dei pulcinella, semibarbara e affricana». Per molti insomma, la scoperta del Mezzogiorno fu un trauma. Cavour del resto, massimo artefice politico dell'Unità, era «sceso» al massimo a Firenze, a Roma non aveva mai messo piede, sul resto della Penisola aveva vaghe nozioni generali.

La verità storica è che dopo aver sconfitto la rivoluzione del 1848 il re delle Due Sicilie aveva attuato una durissima repressione tentando di tagliare fuori il suo regno da ogni influenza politica e intellettuale proveniente dall'esterno. Il primo censimento del Regno d'Italia (1861) accertò che contro un tasso di analfabetismo del 67 per cento nel Settentrione, il Sud toccava lo spaventoso picco dell'87 per cento. Secondo il linguista Tullio De Mauro, l'uso dell'italiano come strumento abituale di comunicazione riguardava l'8 per mille della popolazione della Penisola. Vale a dire 160 mila persone disciolte, per così dire, in una massa di 20 milioni di individui.[3]

Infatti l'italiano, unica tra le lingue nazionali moderne, è vissuta per secoli quasi esclusivamente come lingua dei dotti, dell'ufficialità, dell'oratoria, della giustizia. Un impasto liturgico, ampolloso, contorto, dall'ardua sintassi, zeppo di manierismi, ovvero, come s'è anche detto, «anchilosato». È la ragione per la quale Luigi Settembrini, scrittore e patriota napoletano, poteva scrivere: «Voi sapete che quando un popolo ha perduto patria e libertà e va disperso pel mondo, la lingua gli tiene luogo di patria e di tutto. [...] Sapete che così avvenne in Italia, e che la prima cosa che volemmo quando ci risentimmo italiani dopo tre secoli di schiavitù, fu la nostra lingua comune».[4] Settembrini era stato tra l'altro una delle vittime della repressione borbonica dopo il 1848 ed era scampato di poco al patibolo.

Nel neonato Regno d'Italia l'immagine di un popolo meridionale segnato da «turpi vizi» e «corruzione profonda» cominciò a diffondersi ad ogni livello, dai carteggi del conte di Cavour che ripetutamente torna sull'argomento, all'opinione che si veniva formando nella nuova borghesia. La situazione, già compromessa, divenne decisamente critica con l'estendersi del fenomeno del brigantaggio che, insieme alla «questione romana», cioè la sopravvivenza di uno Stato della Chiesa divenuto ormai un anacronistico ingombro, fu uno dei tragici problemi che il nuovo Regno dovette affrontare. Le cronache dei giornali, le immagini dei banditi catturati, rafforzarono l'idea che il Mezzogiorno fosse una terra sinistra e misteriosa, popolata di fuorilegge. Si diffusero le dicerie terrificanti e pittoresche, di gusto medievaleggiante, che i briganti bevessero da crani umani, che divorassero il cuore ancora palpitante dei nemici uccisi. Di briganti ce n'erano per la verità parecchi e non solo al Sud. L'Appennino tosco-emiliano o la Maremma non erano certo da meno in quanto a fuorilegge. Ancora oggi le rustiche trattorie maremmane espongono le fotografie di briganti messi in posa da morti, armi alla mano, appoggiati ad un muro, sorretti da un tronco d'albero.

I briganti del Mezzogiorno restano però questione a parte e molto più preoccupante; inseriti in un vasto quadro di analfabetismo, miseria, degrado civile, in territori sconosciuti, mescolati a popolazioni la cui lealtà al Regno appariva in molti casi dubbia, a dispetto dei «plebisciti». Un fenomeno aggravato dalla persistenza di un sistema sostanzialmente feudale, di un territorio spopolato, aspro, montuoso, ricco di selve, grotte, dirupi.

Nel 1799, Ferdinando IV di Borbone aveva affidato la riconquista di Napoli al nobile cadetto calabrese cardinal Ruffo il cui esercito (i «lazzari») era formato per lo più da banditi ed evasi. Terminata l'operazione, alcuni capibanda vennero decorati o nominati generali; tra questi Michele Arcangelo Pezza (1771-1806), figura ambigua di spavaldo avventuriero, nello stesso tempo crudele bandito e generoso guerrigliero, conosciuto come Fra Diavolo.

Su di lui sono stati girati numerosi film (uno addirittura con Stanlio e Ollio) e altrettanto si è scritto. Di lui racconta Dumas nel romanzo storico *La Sanfelice*, mentre nel *Conte di Montecristo* traccia il ritratto, romanticamente colorito, di una di queste bande.

Di Fra Diavolo scrive Stendhal appassionato alle vicende dei briganti italiani in pagine molto efficaci anche se non sempre rispettose della storia.[5] Eccone un esempio:

Nel 1806 tutta l'Italia tremava al solo nome di Fra Diavolo. Tale brigante, nato a Itri, seminò il terrore soprattutto fra le popolazioni delle rive del Mediterraneo che facevano parte degli Stati romani e di quelli napoletani. Questo ex-monaco ed ex-galeotto, dal volto tutto brunito dal sole, uccideva i suoi simili per necessità e per divertimento, salvandoli qualche volta per capriccio o aiutandoli in un empito di bontà. Per il resto era molto devoto alla Vergine e ai santi. Da brigante diventò controrivoluzionario e ufficiale superiore nell'armata del cardinal Ruffo, e sgozzò parecchi a Napoli per devozione verso il trono e l'altare. Andava sempre coperto di amuleti e armato di pugnali. Dopo numerose azioni di un ardimento e di un coraggio stupefacenti, Fra Diavolo cadde in mezzo a un distaccamento francese: fu catturato, giudicato e impiccato.

Il brigantaggio post-unitario ha dunque in parte a che vedere con una tradizione consolidata che ha affascinato gli scrittori stranieri per le sue coloriture avventurose e pittoresche. I briganti trovano del resto adeguata collocazione in un'Italia vista come un Paese di efferati delitti, tradimenti, superstizioni, intrighi. Le loro azioni appaiono come un misto di ferocia e di giustizia popolare, autoritarismo e anarchia. I briganti possono indifferentemente raddrizzare un torto o togliere la libertà impiegando lo strumento della forza, unico titolo alla base delle loro azioni a meno che un qualche signore li assoldi per una sua causa mettendo loro indosso un'uniforme e in mano uno schioppo. Ma è soprattutto l'Italia centro-meridionale, dal Lazio in giù, a conoscere il fenomeno del brigantaggio su larga scala; si fissa in questo modo nel costume e nell'immaginario popolare il germe di una criminalità destinata a consolidarsi e anzi ad assumere, di pari passo con il crescente benessere, la gestione di una economia parallela e sommersa in molti casi superiore a quella ufficiale. Sempre Stendhal:

Tutta l'Italia è stata, contemporaneamente o di volta in volta, infestata dai briganti: ma è soprattutto negli Stati del papa e nel Regno di Napoli che essi hanno regnato più a lungo e hanno proceduto in maniera più metodica e costante insieme. Là essi hanno un'organizzazione, dei privilegi e la certezza dell'impunità e, se arrivano ad essere abbastanza forti da intimorire il governo, la loro fortuna è fatta. È dunque a questo fine che tendono costantemente per tutto il tempo in cui esercitano il loro infame mestiere. Sembra di essere ancora ai tempi della barbarie, quando la forza era il solo arbitro, il solo potere riconosciuto. Che governo è mai quello che è costretto a tremare dinanzi a un pugno di malfattori! Venti o trenta uomini bastano a spargere il terrore nell'intero paese e a mettere sul piede di guerra tutti i carabinieri del papa!

Mentre compiono i loro delitti o si abbandonano ad una vita sregolata, i briganti non dimenticano le pratiche religiose anche se da loro ridotte a semplice superstizione.[6] Questa devozione grossolana, che la Chiesa non ha mai condannato con decisione, risale anch'essa ad una tradizione secolare.

> Un bandito, accusato di un grande numero di omicidi, comparve dinanzi ai giudici: lungi dal negare di aver commesso i crimini imputatigli, ne confessò altri fino a quel momento ignorati dalla giustizia, ma quando si giunse a chiedergli se avesse sempre rispettato le giornate di digiuno, il devoto furfante si risentì. Quel dubbio era per lui la più grave delle offese. «Mi sospettate dunque di non essere cristiano?», chiese con amarezza al magistrato che lo interrogava.

La motivazione ultima di questa «fede» è che nel corso di azioni dove è quasi sempre in gioco la vita, il brigante vuole garantirsi l'eterna salvezza, indifferente nella sua rozzezza al contrasto blasfemo tra i suoi delitti e il messaggio cristiano.

> Nel corso della sua vita avventurosa, due cose, da cui non si separa mai, rassicurano il brigante italiano: il suo fucile, per salvarsi la vita, e l'immagine della Vergine Maria, per salvarsi l'anima. Nulla di più spaventoso di questo miscuglio di ferocia e superstizione! Un uomo del genere finisce per convincersi che la morte sul patibolo, preceduta dall'asso-

luzione datagli da un prete, gli assicurerà un posto in paradiso.

Il truce episodio che segue, sempre tratto dal piccolo libro di Stendhal, illustra bene a quale primitiva ferocia i briganti fossero capaci di abbandonarsi. Non è un caso del resto che episodi di analoga crudeltà si siano ripetuti nei giorni dei «fatti di Bronte» del 1860, nel periodo di vera e propria guerra civile seguito alla fine della Prima guerra mondiale, che affiorino ancora oggi in eventi di mafia nei quali si è arrivati, per vendetta, a sciogliere nell'acido il cadavere di un bambino:

Nel 1817, la banda dell'Indipendenza, comandata, credo, dal De Cesaris, esercitava in Calabria un potere assoluto e terribile; era composta da trenta uomini e quattro donne. Suoi principali tributari erano i fattori e i proprietari terrieri, i quali ben si guardavano dal disobbedire all'ordine di depositare presso il tronco di un albero o alla base di una colonna, in un certo giorno e a una certa ora, quanto era loro richiesto. Tuttavia, un fattore tentò di sottrarsi a quel duro vassallaggio. Anziché portare il suo tributo, dunque, egli avvertì le autorità; e truppe a piedi e a cavallo accerchiarono gli Indipendenti. Vistisi traditi, i briganti fecero una sortita, coprendo il terreno dei cadaveri dei loro nemici. Tre giorni dopo, compirono una terribile vendetta nei confronti dello sventurato fattore. Dopo averlo torturato e condannato a morte, lo gettarono in un enorme calderone dove si faceva bollire il latte per il formaggio, e i banditi obbligarono ognuno dei suoi domestici a mangiare un pezzo del corpo del padrone.

Per alcuni anni il fenomeno ha devastato le regioni meridionali. Le sue cause sono state analizzate con valutazioni molto diverse a seconda dell'ottica di partenza. In linea generale si può dire che ragioni sociali, politiche e criminali furono così strettamente connesse da rendere difficile isolare le singole componenti a meno di non partire da un preciso a priori.

Molti meridionali giudicarono l'arrivo dei «piemontesi» un'invasione e del resto sotto il profilo del diritto internazionale (o «delle Genti», come si diceva allora) l'impresa dei Mille fu un gesto banditesco che oggi sarebbe certamente condannato dalle Nazioni Unite. Un migliaio di soldati irregolari attaccarono e invasero un Regno legittimamente costituito. Per dare all'impresa di Garibaldi la «legittimità» che merita, bisogna scegliere un livello diverso da quello strettamente giuridico e considerare la spinta verso l'unità territoriale sentita dai ceti più colti e consapevoli nei Regni delle Due Sicilie e pontificio. In entrambi i casi le masse popolari erano state tenute nell'abbandono mentre l'economia languiva e il regime dei suoli era rimasto al Medio Evo comprese vaste estensioni di latifondi incolti. Basti pensare che nel 1861 in Basilicata ben 91 Comuni su 124 erano sprovvisti di strade.

Nel giugno 1862 i deputati democratici presentarono un Memorandum sul Mezzogiorno nel tentativo di vincere le resistenze del governo ad affrontare seriamente il problema. Una delle tesi era che il brigantaggio fosse la conseguenza della politica attuata dai conservatori Cavour (morto il 6 giugno 1861) e Bettino Ricasoli repressiva da un lato, dall'altro conciliante verso gli esponenti borbonici. La proposta era di intensificare i lavori pubblici per ridurre l'elevatissima disoccupazione meridionale e di affidare il compito di pacificazione a Garibaldi, l'unico a godere anche nel Mezzogiorno di una sua popolarità forse a causa di un temperamento atipico. Se la sua irruenza e una certa confusione politica lo rendono riconoscibile come italiano, per altri aspetti egli si discosta nettamente da un ipotetico modello.

Per esempio è stato un ottimo generale, coraggioso e avveduto come pochi nella storia d'Italia ma il finale esilio a Caprera completa il ritratto di un eccentrico. Partì per l'isoletta con qualche lira messa insieme da un amico, un po' di caffè e di zucchero, delle sementi e una balla di merluzzo secco. Cincinnato al confronto fa quasi figura di dissipatore. Del resto Garibaldi già in vita era riuscito a diventare un mito meritando non per concessione retorica il titolo di «Eroe dei due mondi».

Dopo aver combattuto di qua e di là dall'oceano, aver tentato di difendere la gloriosa Repubblica romana nel 1849, perso la moglie amatissima nel corso di una fuga avventurosa e disperata, rifiutato la modesta pensione offertagli dal governo, parte per New York dove sbarca nel 1850. Tra gli italiani che organizzano per lui una colletta c'è un ex macchinista teatrale fiorentino che ha girato anche lui mezzo mondo, un geniaccio che sta lottando per non farsi portare via dagli americani il brevetto dell'invenzione di uno strano congegno che permette di parlare a distanza. Lo ha chiamato «telegrafo parlante» o «telettrofono», se davvero funzionasse sarebbe una rivoluzione. Lo sarà, infatti, ma senza di lui.[7]

Antonio Meucci vive a Staten Island, uno dei cinque *boroughs* della grande New York, il meno bello e il più scomodo da raggiungere, invita Garibaldi ad essere suo ospite. Abitava lì da solo con la moglie Ester gravemente malata. La povera donna era quasi sempre a letto, Meucci cucinava, lavorava alle sue piccole imprese e il «telettrofono» lo aveva messo a punto proprio per comunicare tra laboratorio e camera da letto. Si guadagnava da vivere con piccole invenzioni, lavoretti, imprese effimere, una delle sue difficoltà era di parlare male l'inglese. Si può immaginare come gli avvocati americani se lo siano cucinato quando si è trattato di discutere i diritti della sua strana invenzione. In quel momento s'era messo a fabbricare candele steariche di un tipo nuovo, impastate con cera di tre colori: bianco, rosso e verde. Garibaldi arriva, si guarda intorno, il posto gli piace, la casetta si trova ai margini di un bosco dove al mattino presto si può andare a caccia. Vede Meucci chino sul crogiolo dove fonde la cera, senza pensarci due volte si offre di dargli una mano. Così l'Eroe dei due mondi e l'inventore che sta per essere derubato della sua idea migliore, perché non ha soldi per pagarsi avvocati all'altezza della situazione, fanno colare la cera negli stampi, arrotolano le loro belle candele tricolori. Due uomini così diversi per origine e di così diverso destino in quel momento sono uniti dalla comune condizione di emigranti.

Scrive Garibaldi nelle sue memorie:

Lavorai per alcuni mesi, con Meucci – che, benché lavorante suo, mi trattò come della famiglia, e con molta amorevolezza. Un giorno però, stanco di far candele – e spinto forse da irrequietezza naturale ed abituale – uscii di casa, col proposito di mutar mestiere. Mi rammentavo d'esser stato marino – conoscevo qualche parola d'inglese – e mi avviai sul litorale dell'isola, ove scorgevo alcuni barchi di cabotaggio occupati a caricare e scaricar merci. Giunsi al primo, e chiesi d'esser imbarcato come marinaio. Appena mi diedero retta: tutti, quanti ne scorgevo sul bastimento – continuarono i loro lavori. Ritentai la prova, avvicinando un secondo legno. Medesima risposta. Infine ad un altro, ove si stava lavorando a scaricare, e dimandai mi si permettesse aiutare al lavoro – e n'ebbi in risposta che non ne abbisognavano. «Ma non vi chiedo mercede» io insistevo: e nulla. «Voglio lavorare per scuotere il freddo» (vi era veramente la neve) meno ancora. Io rimasi mortificato! Riandavo col pensiero a quei tempi quand'ebbi l'onore di comandar la squadra di Montevideo – di comandarne il bellicoso ed immortale esercito! A che serviva tutto ciò? – non mi volevano! Rintuzzai la mortificazione, e tornai al lavoro del sego.

Ho rievocato questo episodio toccante, un po' fuori tema; aiuta a capire perché Garibaldi fosse il solo a godere nel Mezzogiorno di una sua popolarità. Si sentiva d'istinto di che pasta fosse fatto né le sue condizioni negli Stati Uniti sono lontane da quelle che milioni di emigranti si troveranno ad affrontare negli anni che stavano per arrivare.

Italia o non Italia, Roma e Napoli erano comunque destinate a soccombere ai tempi nuovi e alle leggi inflessibili dello sviluppo economico.

Ciò non toglie che i contrasti tra i Mille e le forze militari borboniche assunsero non di rado caratteristiche di guerra civile, compresi gli atti di ferocia che sempre accompagnano questo tipo di conflitti. Da parte dell'esercito regio ci furono esecuzioni sommarie, villaggi messi a ferro e fuoco, case distrutte per rappresaglia. Sul campo opposto, i soldati «piemontesi» fatti prigionieri potevano essere legati a un albero e arsi vivi, oppure crocifissi e mutilati. Anche in questo caso, come già in passato, i briganti vennero talvolta considerati dalla gente alla stregua di eroi popolari trattandosi spesso di persone conosciute quando non parenti o vicini di casa. Del resto, se si prescinde dai casi di più volgare banditismo nei quali il giudizio è semplice, nella figura del brigante si mescolano aspetti molto diversi. La componente delinquenziale può essere riscattata da una accesa visione sociale ma anche dalla presunzione di dover rispondere con le armi a quello che si ritiene un sopruso politico. Esemplare il caso, celebre e idealizzato, del sergente Pasquale Romano.

Pasquale Domenico Romano era nato a Gioia del Colle in Puglia, nel 1833, in una famiglia di pastori.

Arruolato nell'esercito borbonico raggiunse il grado di sergente; quando il suo reparto fu sciolto a seguito dell'unificazione, decise di iniziare la lotta armata contro i piemontesi. Una delle sue azioni più clamorose fu l'occupazione di Gioia del Colle dove riuscì a mettere in fuga l'esercito sabaudo anche grazie all'aiuto della popolazione locale. Contemporaneamente proseguivano le sue azioni banditesche e la distruzione delle masserie di liberali ed ex garibaldini della zona, considerati «traditori del Popolo meridionale». Braccato in maniera sempre più stretta, nel 1863 venne localizzato nei boschi presso il villaggio natale e sopraffatto. Si dice, ma forse è solo leggenda, che prima di morire abbia gridato «Evviva 'o rre!». Non è leggenda invece la venerazione che i contadini del luogo tributarono alla sua salma martoriata. Lo scrittore francese Oscar de Poli lo paragona a un eroe vandeano e così descrive la scena:

> Il sergente Romano era stato sciabolato, ridotto a brani sulla via di Mottola, dalla cavalleria piemontese. [...] Tutti gli abitanti del paese vollero contemplare un'ultima volta gli avanzi irriconoscibili dell'eroico brigante; si andava là, come a un pellegrinaggio santificato dal martirio; gli uomini si scovrivano, le donne s'inginocchiavano, quasi tutti piangevano; egli portava nella tomba il cordoglio e l'ammirazione de' suoi conterranei.[8]

Il contrasto tra questo quadretto e il giudizio che sullo stesso episodio esprime una relazione fatta al

Parlamento del Regno, mostra con drammatica eloquenza quanto potessero essere lontani i punti di vista
sul medesimo fatto:

> Una banda di masnadieri, guidata da un tal Pasquale
> Romano di Gioia, ex-sergente borbonico, contristava
> con ogni maniera di rapine e di uccisioni quelle
> amene ed ubertose contrade; nei primi di gennaio
> scorso i cavalleggieri di Saluzzo, comandati dal valo-
> roso capitano Bollasco, e secondati dalla coraggiosa
> guardia nazionale di Gioia, assalirono l'infame banda,
> ne uccisero il capo e la distrussero, d'allora in poi il
> tenimento di Gioia è libero e sicuro.

Proprio in quello stesso anno 1863, concludeva infatti i suoi lavori la Commissione parlamentare d'inchiesta sul fenomeno del brigantaggio presieduta da Giuseppe Massari (1821-1884), cattolico liberale esponente della Destra storica e giornalista, di origini pugliesi. Pur con i limiti che le Commissioni di questo
tipo sempre hanno, la relazione conclusiva, letta in
seduta segreta alla Camera dal 3 al 4 maggio, individua alcune delle cause del fenomeno:

> I cattivi consigli della miseria non temprati dall'istru-
> zione e dalla educazione, non infrenati da quella re-
> ligione grossolana che si predica alle moltitudini,
> avvalorati dallo spettacolo del cattivo esempio, pre-
> valgono presso quegli infelici, e l'abito a delinquere
> diventa seconda natura. La fioca voce del senso mo-
> rale è soffocata, ed il furto anziché destare ripu-

gnanza, appare mezzo facile e legittimo di sussisten-
za e di guadagno. [...] La vita del brigante abbonda
di attrattive per il povero contadino, il quale ponen-
dola a confronto con la vita stentata e misera che
egli è condannato a menare, non inferisce certo dal
paragone conseguenze propizie all'ordine sociale
[...] e il fascino della tentazione a male operare è ir-
resistibile. [...] Su 373 briganti, che si trovavano il
giorno 15 aprile nelle carceri della provincia di Ca-
pitanata, 293 appartengono al misero ceto dei così
detti *braccianti*. [...] Chi non ha un palmo di terra
che è suo, chi è nudo di tutto, e serve sempre al ricco
proprietario e lui vede straricchire col raccogliere i
frutti del suo sudore, mal ricompensato, anzi sforza-
to dai cattivi trattamenti, non può avere amor di patria, non sentimento di rispetto verso la società. Là
invece dove, le relazioni tra il proprietario ed il contadino sono migliori, là dove questi non è in condizione nomade ed è legato alla terra in qualsivoglia
modo, ivi il brigantaggio può, manifestandosi, allet-
tare i facinorosi, che non mancano in nessuna parte
del mondo, ma non può gettare radici profonde, ed
è con maggiore agevolezza distrutto.

La miseria di masse digiune di ogni nozione di società
veniva dunque vista come causa prima di quella proli-
ferazione brigantesca, di quell'«abito a delinquere»
radicatosi in una seconda natura. Insieme però la relazione faceva notare le implicazioni politiche nonché le
«cause d'importazione» alla radice del fenomeno. Tra
queste, l'azione sotterranea del Vaticano che dava ri-

cetto ai briganti all'interno dei suoi confini e ne finanziava le imprese nella consapevolezza che la «questione romana» prima o poi sarebbe stata risolta con la forza e che ogni azione intesa a fiaccare il movimento unitario avrebbe quanto meno rimandato l'evento. Delle direttive vaticane si erano fatti portavoce i vescovi. Anche per questo il giudizio che la rivista dei gesuiti «La civiltà cattolica» dette sulla Relazione Massari fu molto negativo. Si metteva in risalto come il testo «fa gran pompa di ragioni che esso chiama sociali» nel vano tentativo di trovare ogni possibile causa al brigantaggio «fuorché quella politica» dal momento che «i napoletani non vogliono saperne di questa fittizia unità».[9]

Più volte la rivista sarebbe tornata sull'argomento. Ancora nel 1874, vi si poteva leggere che «le province meridionali si considerano come province conquistate, dominate, usufruttate». I gesuiti non esitavano a mettere il dito là dove la piaga era più dolente. Anni prima del resto lo stesso Massimo D'Azeglio, ex presidente del Consiglio piemontese, aveva espresso, in una lettera del 2 agosto 1861 al senatore Carlo Matteucci che aveva avuto vasta risonanza, un concetto non dissimile:

A Napoli noi abbiamo altresì cacciato il sovrano per stabilire un governo fondato sul consenso universale. Ma ci vogliono, e sembra che ciò non basti per contenere il regno, sessanta battaglioni; ed è notorio che, briganti e non briganti, niuno vuol saperne. Ma si dirà: e il suffragio universale? Io non so nulla di suffragio; ma so che al di qua del Tronto non sono necessari battaglioni, e che al di là sono necessari. Dunque vi fu qualche errore; e bisogna cangiare atti e principii. Bisogna sapere dai Napoletani una volta per tutte, se ci vogliono, sì o no.[10]

Giuseppina Cavour Alfieri, nipote del conte, ha lasciato la descrizione delle ultime ore del grande statista. Nella spossatezza di una lunga agonia Camillo mormorò tra le altre queste parole: «L'Italia del Settentrione è fatta, non ci sono più lombardi, piemontesi, toscani, romagnoli: siamo tutti italiani; ma vi sono ancora i napoletani. Oh, vi è molta corruzione nel loro paese. Non è colpa loro, povera gente, sono stati così malgovernati [...]. Bisogna moralizzare il paese, educar l'infanzia e la gioventù, crear sale d'asilo, collegi militari: ma non si pensi di cambiare i napoletani ingiurandoli».[11]

Problema vivo che affiora anche oggi. Quale risposta avrebbero dato allora le grandi masse se avessero davvero potuto esprimersi? Parlo delle plebi che avevano contribuito a sconfiggere la Repubblica partenopea del '99, che avevano inseguito con i fucili e le zappe i patrioti a Sapri, dato ricetto ai briganti antiunitari, le grandi masse tenute per secoli nella più abietta ignoranza. Che scelta avrebbero espresso se avessero davvero potuto dirlo liberamente? E se ne fossero stati capaci? Gli estensori della Relazione Massari non toccano questo punto, non si soffermano sull'azione dell'esercito italiano, tanto meno sull'azione politica del governo unitario. Si limitano a rove-

sciare l'argomento attribuendo al malgoverno borbonico, alla sua lunga opera diseducativa, ai rapporti di
corruttela, a un dominio insieme rozzo e spietato, l'altra principale causa del banditismo:

> La sola miseria non sortirebbe effetti cotanto perni-
> ciosi, se non fosse congiunta ad altri mali che la in-
> fausta signoria dei Borboni creò, ed ha lasciati nelle
> provincie napolitane. Questi mali sono l'ignoranza
> gelosamente conservata ed ampliata, la superstizio-
> ne diffusa ed accreditata; e segnatamente la man-
> canza assoluta di fede nelle leggi e nella giustizia.
> [...] I Borboni a tutta possa si adoperarono a com-
> mettere il più nefando dei parricidii, quello di to-
> gliere ad un intero popolo la coscienza del giusto e
> dell'onesto.

C'erano, per la verità, situazioni anche peggiori alle
quali il testo non fa cenno. Per esempio i rapporti di
complicità che s'erano spesso creati tra i latifondisti e
le associazioni banditesche, veri e propri «patti di
convivenza» nei quali si può già intravedere la pratica
del ricatto diffusa anche oggi nelle regioni ad alta
densità mafiosa. I banditi facevano comunicare ai signori le loro necessità in vettovaglie, cavalli, attrezza-
ture. I signori, o «galantuomini», predisponevano il
tutto in una qualche loro masseria. Passato qualche
giorno la banda faceva irruzione e razziava il tutto
consentendo così ai proprietari di inoltrare richiesta
di indennizzo alle legittime autorità. Tutti guadagna-
vano qualcosa meno lo Stato che, per paradosso, si

trovava a combattere i briganti con una mano e a sovvenzionarli indirettamente con l'altra.

Più volte si è tentato di dare al brigantaggio meridionale il connotato esclusivo della rivolta politica, facendone il sintomo, sanguinoso che fosse, di una volontà autonomistica. Le ragioni di quella guerra sono state numerose e complesse anche se Giustino Fortunato, in una lettera del 1927 a Nello Rosselli, si sentì di dare questa secca valutazione:

> Quaggiù, nel Mezzogiorno, il brigantaggio non fu un tentativo di restaurazione borbonica o di autonomismo [...] bensì un movimento spontaneo, storicamente rinnovantesi ad ogni agitazione, ad ogni cambiamento politico, perché sostanzialmente di indole primitiva e selvaggia, frutto del secolare abbrutimento di miseria e di ignoranza delle nostre plebi rurali.

Tra le tante cause di una situazione tragica c'erano stati, come sempre e ovunque accade, anche l'aumento dei prezzi per generi indispensabili come il pane, l'olio, il sale, mentre le grandi attese, alcune legittime altre illusorie, erano andate rapidamente deluse. Si poteva constatare per esempio come poco o nulla fosse cambiato negli organi giurisdizionali, amministrativi e di governo locale rispetto all'ignavia, l'inefficienza, la corruzione che li aveva caratterizzati sotto i Borbone. C'era poi la coscrizione obbligatoria che i contadini meridionali percepivano come un sopruso; non pochi preferivano farsi briganti o procurarsi delle mutilazioni piuttosto che essere arruolati sotto le insegne sabaude. Una diretta conseguenza la Relazione Massari comunque la ebbe e fu di favorire la Legge che prese il nome del deputato abruzzese suo promotore, Giuseppe Pica. Per quattro mesi e mezzo, dall'agosto 1863 alla fine dell'anno, quella Legge, concepita come «mezzo eccezionale e temporaneo di difesa», impose di fatto lo stato d'assedio nell'Italia meridionale. Si potevano porre agli arresti senza processo i vagabondi, le persone prive di occupazione fissa, i sospetti fiancheggiatori di camorristi e briganti. In una parola si sospesero i diritti civili introducendo misure eccezionali quali la punizione collettiva per reati commessi da singoli e le rappresaglie contro interi villaggi. La Legge dava in pratica veste legale a quella che era stata la prassi applicata in precedenza, comprese le fucilazioni sommarie, sottraeva competenze alla lenta e corrotta giustizia ordinaria, attribuendola alla fin troppo rapida procedura delle corti marziali.

Si calcola che i morti in combattimento e per la repressione in base alla Legge Pica siano stati superiori a quelli di tutte le guerre del Risorgimento. Furono 55 le condanne a morte e in tutto 659 quelle ai lavori forzati, a vita alcuni, altri per mesi o per anni. La repressione durò dal 1861 al 1865, un periodo che non è esagerato definire, ancora una volta, di guerra civile. Al termine si poté dire che una certa pacificazione era stata raggiunta. Ma a quale prezzo e quanto fragilmente, è ciò che ancora oggi non è difficile vedere.

# Il paradiso e i suoi diavoli

Di Napoli, attraverso i secoli, hanno parlato tutti male. Già Tito Livio nella sua storia di Roma *Ab Urbe condita* cita come eloquente un episodio avvenuto nel III secolo a.c. durante la Seconda guerra punica: «*Cum Hannibal circa Tarentum, consules ambo in Samnio essent...*».

Mentre Annibale si trovava nei dintorni di Taranto, i due consoli erano nel Sannio ma con l'evidente intenzione di assediare Capua. Frattanto i Campani cominciavano a sentire la fame che è sempre la triste conseguenza di un lungo assedio. L'esercito romano infatti gli aveva proibito di seminare.[1]

Vengono inviati allora dei messaggeri ad Annibale chiedendogli granaglie. Annone si muove, aggira gli accampamenti romani, pone il campo a tre miglia da Benevento e ordina alle popolazioni vicine di consegnargli il grano mietuto. A quel punto, prosegue Tito Livio: «Informò i Campani che dovevano prepararsi a prendere in consegna il frumento dopo aver fatto venire da tutti i campi dei dintorni ogni genere di veicoli e di bestie da tiro». Che succede dopo una così lunga e complicata manovra? Succede, scrive Tito Livio, che:

I Campani si comportarono secondo la solita pigrizia e negligenza; furono radunati poco più di quattrocento carri ed un numero esiguo di cavalli. Per questo Annone li rimproverò aspramente rinfacciando loro che nemmeno la fame, che pure eccita le bestie che non sanno parlare, aveva il potere di stimolare la loro solerzia.

Dunque comincia presto la cattiva fama della zona intorno a Napoli. Il padovano Tito Livio scrive nei primi decenni del I secolo della nostra era. Passano anni ed anni e il filosofo calabrese Tommaso Campanella (XVI secolo) nella sua opera capolavoro, *La Città del Sole*, mette in bocca a un immaginario «Genovese», che è in realtà egli stesso, queste parole:

In Napoli son da trecento milia anime, e non faticano cinquanta milia; e questi patiscono fatica assai e si struggono; e l'oziosi si perdono anche per l'ozio, l'avarizia, lascivia ed usura, e molta gente guastano, tenendoli in servitù e povertà, o fandoli partecipi di lor vizi, talché manca il servizio pubblico, e non si può il campo, la milizia e l'arti fare, se non male e con stento.

Passa altro tempo, arriva il secolo dei Lumi, il XVIII; un dotto filologo tedesco, Giovanni Andrea Bühel, in una sua orazione dove si parla di Napoli scrive: «La sua plebe è così ingannatrice, specie nel giocare, e per solito di così maligno umore, che a buon diritto dai rimanenti popoli d'Italia i napoletani sono giudicati pessimi tra i pessimi».

Il marchese de Sade anch'egli nella seconda metà di quello stesso secolo definisce sì via Toledo una delle più belle strade che sia dato vedere, però: «Fetida e sudicia... In quali mani si trova, gran Dio! Perché mai il Cielo invia tali ricchezze a gente così poco in grado di apprezzarle?».

Matilde Serao, napoletana di fatto, anche se nata a Patrasso, visse e descrisse Napoli dall'interno partecipando con ogni suo sentimento alle vicende della città e dei suoi abitanti. Così la vede sul finire dell'Ottocento (*Il ventre di Napoli*, 1884):

> Case crollanti, vicoli ciechi, ricovero di ogni sporcizia: tutto è restato come era, talmente sporco da fare schifo, senza mai uno spazzino che vi appaia, senza mai una guardia che ci faccia capolino. [...] Un intrico quasi verminoso di vicoletti e vicolucci nerastri, ove mai la luce meridiana discende, ove mai il sole penetra. Ove per terra la mota è accumulata da anni, le immondizie sono a grandi mucchi, in ogni angolo, tutto è oscuro e lubrico.

Che cosa curiosa che, settant'anni dopo, Anna Maria Ortese nel suo *Il mare non bagna Napoli* (1953) descriva attraverso gli occhi di una sua protagonista un identico spettacolo: «Gli archi dei terranei, neri, coi lumi brillanti a cerchio intorno all'Addolorata; il selciato bianco di acqua saponata, le foglie di cavolo, i pezzi di carta, i rifiuti, e, in mezzo al cortile, quel gruppo di cristiani cenciosi e deformi, coi visi butterati dalla miseria e dalla rassegnazione».

Benedetto Croce, gran filosofo e napoletano d'adozione, pubblicò il saggio *Un paradiso abitato da diavoli*. Il detto proverbiale che Napoli fosse un paradiso popolato da diavoli risale addirittura al Trecento. Croce tenta di spiegare le ragioni di quella diceria dovuta forse: «Allo spettacolo di anarchia feudale che la città offriva ai cittadini dei Comuni e delle Repubbliche dell'Italia media e superiore [...] allo spettacolo di povertà e di ozio, e dei vizi nascenti dalla povertà e dall'ozio, che offriva ai mercanti fiorentini e lucchesi e pisani e veneti e genovesi che qui si recavano per traffici». Conclude:

Se ancor oggi accettiamo l'antico biasimo [...] è perché stimiamo che esso valga da sferza e da pungolo e concorra a mantener viva in noi la coscienza di quello che è il dover nostro. E sotto questo aspetto c'importa poco ricercare fino a qual punto il detto proverbiale sia vero, giovandoci tenerlo verissimo per far che sia sempre men vero.

Questa rassegna potrebbe continuare a lungo poiché non c'è viaggiatore del Grand Tour che non si sia espresso su Napoli con giudizi in genere assai negativi. Non manca però qualche eccezione anche molto illustre. Stendhal per esempio definì Napoli «la città più bella dell'universo»; Goethe scrisse a proposito del suo soggiorno napoletano: «Il tempo è trascorso tutto nella contemplazione di cose magnifiche». Norman Douglas ha paragonato la città a un'anfora antica estratta dalle profondità del mare. È piena di alghe e di incrostazioni calcaree che la rendono irriconoscibile, ma l'occhio dell'esperto sa vedere subito la bellezza della forma originaria.

Chi ha ragione? Chi ha visto meglio il tratto saliente della città che, come ogni realtà complessa, può essere considerata da molti e differenti punti di vista? Lo scrittore napoletano Raffaele La Capria definisce Napoli una città bifronte, come Giano, il dio con due facce: «Secondo come la si guarda può essere "disperatissima" o "felicissima"».

Il dilemma rappresentato da Napoli è forse nel fatto che qualunque giudizio si esprima può essere considerato giusto. La magnificenza e l'abiezione, la bellezza e l'orrore, una gentilezza e una crudeltà che sembrano venire entrambe da tempi remoti. Perché se Napoli fosse solo orrore e ferocia come talvolta la cronaca induce a pensare, non varrebbe nemmeno la pena di arrovellarsi, di chiedersi come mai possa accadervi tutto ciò che vi accade.

Lo studioso Isaia Sales, salernitano, nel suo *Le strade della violenza* mostra con le cifre la vastità dello scempio: in venticinque anni 3500 omicidi di camorra, numeri da guerra civile; bande criminali nello stesso tempo arcaiche e postmoderne, con propri riti, modelli attinti a una tradizione antica, ai culti pagani primitivi e al Cristianesimo ma anche al cinema e alla televisione, che si esprimono attraverso cantanti e poeti, vivono una realtà separata e lontana da ogni parvenza di società civile. Sales descrive una cultura, un modo di vivere, un mondo che ha dato vita a un organismo sociale perverso. Le stesse cose che Sales riferisce in termini di sociologia economica, Roberto Saviano ha raccontato nel suo *Gomorra*, un viaggio nell'impero economico e nel sogno di dominio della camorra, ancora più impressionante perché raccontato con esempi presi dalla vita di uomini e donne, adolescenti, perfino bambini. Egli stesso d'altronde è cresciuto nelle terre dove la camorra è legge, dove il sogno adolescenziale è avere una pistola, i soldi, le donne, un'auto che vada molto forte e una morte da vero uomo, cioè «sparato da qualcuno».

È vero, come ha scritto già anni fa il saggista napoletano Enzo Golino, che nella città e nel Mezzogiorno italiano: «L'omertà camorristica e il familismo amorale sia nella politica sia nella cerchia parentale sono un connotato secolare della società».[2] È un dato di cui tener conto, ne riparleremo. Ma Napoli non è mai stata, non è nemmeno oggi, solo questo. Nel XVIII secolo era una delle capitali europee per musica e teatro. Celebri erano le raffinate esecuzioni dei suoi musicisti ma anche gli studi e le rappresentazioni innovative che avevano luogo in teatri, chiese, istituzioni private, o presso famiglie abbienti. La tradizione operistica di scuola napoletana, Giovanni Paisiello, Alessandro Scarlatti e Domenico Cimarosa per citare solo tre tra i più illustri, ha dettato legge per l'intero secolo. Nelle loro opere l'utilizzo finissimo della voce umana e la felicità melodica non hanno rivali al mondo. Dovrà arrivare Mozart perché quel primato venga battuto.

Nel secolo dei Lumi la riscoperta delle antichità, con le rovine di Ercolano e Pompei, i templi di Paestum, l'incanto della riviera, delle isole del golfo, la luminosità dorata del cielo, i coltivi come giardini, i profumi nell'aria, restituivano alla città l'aura già riassunta dai romani nell'espressione «Campania Felix».

Mentre tutto questo avveniva e quel miracolo naturale si presentava agli occhi estasiati dei viaggiatori, per un altro verso e con la stessa eloquenza emergeva l'altra faccia di Napoli, nera e maligna. Il più grande scrittore vittoriano, Charles Dickens, poteva scrivere al suo amico John Forster: «Che cosa non darei perché tu potessi vedere i lazzaroni come sono in realtà: meri animali, squallidi, abietti, miserabili, per l'ingrasso dei pidocchi; goffi, viscidi, brutti, cenciosi, avanzi di spaventapasseri!».

I lazzari, o lazzaroni, parevano vivere di niente, facendo niente. Coperti spesso di stracci, campavano di fugaci lavoretti, furberie, piccoli imbrogli, borseggi, furti. Li assisteva il tempo mite, il famoso sole, una natura prodiga. I ceti illuminati cittadini tentarono di mettere in piedi nel 1799 una Repubblica partenopea; vi si provarono alcuni dei migliori intelletti della città: Vincenzo Cuoco, Domenico Cirillo, Mario Pagano, Gennaro Serra, Francesco Caracciolo, donne coraggiose come Luisa Sanfelice, Eleonora Pimentel Fonseca. Durò poco, fu anche questo, come lo sarà mezzo secolo dopo la Repubblica romana del 1849, un esperimento glorioso e breve. Lo scrittore napoletano Enzo Striano ha fatto della Pimentel, di origine portoghese, la protagonista del suo bel romanzo *Il resto di niente* (1986). In una delle scene più dure, alcuni di quei pensatori illuminati si recano in un sordido vicolo nel tentativo di convincere una plebe riottosa a ribellarsi in nome della libertà. Lazzi e sberleffi accompagnano la concione del nobile progressista fino a quando il capo dei lazzaroni brutalmente lo congeda: «La libertà ve la tenite pe' vvuie! Sai addo' l'avit'a mettere? Dinto a lo mazzo de màmmeta!». Come scrisse Vincenzo Cuoco nel suo *Saggio storico sulla rivoluzione napoletana del 1799*: «I patrioti di Napoli erano grandi idealisti e cattivi politici. Tennero in piedi la loro barcollante repubblica tra illusioni smisurate e piccoli effetti, propositi arditi e mezzi deficienti: una vita che oscillò tra commedia e tragedia, finché quest'ultima, alla fine, prevalse».

Quella velleitaria repubblica fu schiantata come abbiamo visto dalle truppe della Santa Fede agli ordini del cardinal Ruffo, dall'appoggio della flotta inglese guidata da Horatio Nelson e dai lazzari che si schierarono quasi unanimi per il ritorno della monarchia borbonica che d'istinto sentivano più adatta a loro della parola «libertà» dal suono così inquietante.

Ci vorranno i leggendari mille volontari di Garibaldi, sessant'anni dopo, per far crollare il Regno delle Due Sicilie.

S'è scritto anche di recente che la famosa spedizione fu in realtà sopraffazione, gesto banditesco. Ma mille uomini, valorosi che fossero, non sarebbero certo bastati ad abbattere un regno se quel regno non fosse già stato roso dall'interno; bastò quella debole spinta, e cadde.

Dal 27 al 30 settembre 1943, Napoli è stata protagonista di un altro episodio di rilievo storico. Gruppi di civili, compresi molti adolescenti, aiutati da alcuni militari allora detti «badogliani», cioè fedeli al Regno del Sud, insorsero contro i nazisti che occupavano la città. Quando il 1° ottobre le truppe Alleate finalmente arrivarono, Napoli aveva già cacciato i tedeschi, prima tra le città europee ad insorgere contro un esercito occupante. Episodi sporadici di rivolta e di contrasto alle truppe del Reich c'erano stati fin dal 9 settembre dopo l'annuncio dell'armistizio. Seguirono giorni di estrema confusione e di sbandamento segnati, quasi nella stessa misura, da gesti di grande vigliaccheria e di inaudito coraggio. Un solo esempio: il 9 settembre in via Foria, un gruppo di soldati cattura un'autoblindo tedesca facendo venti prigionieri. Il comando militare italiano, informato dei fatti, ordina il loro rilascio. È il caos, nessuno sa più a chi si debba obbedire. Quei soldatini pensavano di aver compiuto un'impresa militare degna di encomio. Invece si ritrovarono legati alle colonne della caserma Bianchini mezza distrutta dai bombardamenti, rischiando di fare una brutta fine.

La prigione dove Cagliostro finì i suoi giorni: la Rocca di san Leo abbarbicata sull'Appennino tosco-romagnolo.

Il convento dei frati cappuccini annesso alla chiesa di santa Maria della Pace (Palermo) ospita un'ampia e macabra raccolta di mummie. Dalle otto alle diecimila salme giacciono nelle bare scoperchiate o sono appese alle pareti e al soffitto.

Giudizio universale dipinto da Giotto
nella cappella degli Scrovegni (Padova).
Nel dettaglio, Giotto rappresenta
l'angelo nell'atto di "arrotolare" il cielo,
a significare la fine del Tempo dopo
l'estremo Giudizio.

Particolare del Giudizio
universale della cappella Sistina.
Michelangelo si "vendica"
di Biagio da Cesena, maestro
di cerimonie di papa Paolo III,
rappresentandolo come Minosse
dalle orecchie d'asino per aver
osato definire i suoi affreschi
adatti a decorare un bagno
termale più che una cappella.

Particolare del mosaico
bizantino della basilica
di santa Maria Assunta
a Torcello. Ade viene
rappresentato come
un fanciullo che con
il suo aspetto innocente
inganna gli esseri umani.

Giotto, basilica Superiore di Assisi. Allegoria dello sposalizio di san Francesco con Madonna Povertà.

Giotto, basilica Superiore di Assisi. San Francesco di fronte a papa Onorio III per ottenere dal pontefice l'approvazione della regola francescana.

Una rappresentazione barocca del processo a Galileo Galilei.

La riduzione scenica diretta da Giorgio Strehler della *Vita di Galileo* di Bertolt Brecht, stagione del Piccolo 1962-1963.

Ritratto di Maria Luigia duchessa di Parma e Piacenza con il suo secondo marito Adam Albert von Neipperg e i figli Albertina e Guglielmo.

L'interno della sinagoga Levantina fondata nel 1538 nel Ghetto Vecchio a Venezia.

Vincenzo Coronelli costruisce (1681-1683) i globi per Luigi XIV. Uno rappresenta le terre emerse allora conosciute; l'altro la volta celeste con la raffigurazione delle costellazioni al momento della nascita del re. In basso, il particolare con il ritratto del sovrano francese.

Veduta della rocca di Spoleto definita "spaventosa" da Giacomo Leopardi durante il
suo viaggio da Recanati a Roma.

Sepolcro di Torquato Tasso.
Giacomo Leopardi quando
lo visitò il 15 febbraio 1823
pianse, e disse "questo è il
primo e unico piacere che ho
provato in Roma".

Il congresso di Vienna, che sancì la restaurazione delle antiche monarchie dopo la caduta di Napoleone, nella rappresentazione di Jean-Baptiste Isabey.

La battaglia di Marengo nella raffigurazione di Louis-François Lejeune.

*Cuore* diventa un fenomeno editoriale
e di costume.

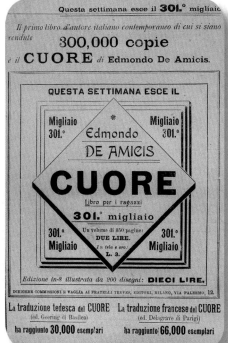

Giuseppe Garibaldi trascorre i suoi ultimi anni nell'isolamento di Caprera.

Mussolini viene liberato da Campo Imperatore su ordine di Hitler, è il 12 settembre 1943 e comincia l'ultimo atto della dittatura fascista.

Le quattro giornate di Napoli, 27-30 settembre 1943.
Gli scugnizzi scendono in piazza insieme a persone di ogni ceto sociale per mettere fine all'incubo dell'occupazione nazista.

# PROCLAMA

## Napoletani!

Da oggi 12 settembre 1943 assumo il comando della vostra città.

Esigo la massima disciplina per la immediata esecuzione dei seguenti ordini:

1.° Consegna entro 24 ore di tutte le armi e munizioni (compresi i fucili da caccia) alle Autorità Militari Germaniche.

Chi non ottemperasse a quest'ordine e fosse trovato in possesso di armi e munizioni sulla persona o in casa verrà immediatamente passato per le armi.

La consegna delle armi sarà fatta alle ronde militari tedesche oppure nei seguenti luoghi:

a) Piazza Plebiscito.

b) Piazza Garibaldi (Albergo bella Napoli).

c) Caserma Cavalleria Conte di Torino (Bagnoli).

d) Albergo Bellavista (Corso Vittorio Emanuele).

2.° Il coprifuoco avrà inizio da oggi alle ore 20 e cesserà alle ore 6.

Sono costretto ad adottare le suddette draconiane misure in seguito ai fatto che molti ufficiali e soldati germanici, che hanno combattuto per ben tre anni a fianco dei soldati italiani versando il loro sangue anche per la causa italiana, sono stat vilmente trucidati.

firmato: SCHOLL
COLONELLO

Reazione violenta dei nazisti all'annuncio dell'armistizio: il colonnello Walter Schöll proclama lo stato d'assedio a Napoli (12 settembre 1943).

# CORRIERE DELLA SERA

# ARMISTIZIO

## Le ostilità cessate tra l'Italia l'Inghilterra e gli Stati Uniti

## Il messaggio di Badoglio

Ecco il messaggio letto ieri sera alla Radio alle ore 19.42 dal Maresciallo Badoglio:

"*Il Governo italiano, riconosciuta l'impossibilità di continuare l'impari lotta contro la soverchiante potenza avversaria, nell'intento di risparmiare ulteriori e più gravi sciagure alla Nazione, ha chiesto un armistizio al gen. Eisenhower, comandante in capo delle Forze alleate anglo-americane.*

"*La richiesta è stata accolta. Conseguentemente, ogni atto di ostilità contro le forze anglo-americane deve cessare da parte delle forze italiane in ogni luogo. Esse, però, reagiranno ad eventuali attacchi da qualsiasi altra provenienza,.*"

### RISALIRE

Giorno di profonda tristezza per il popolo italiano, se anche nel primo momento la fine di una guerra impopolare, che fu quasi di due anni tempesta, può ben essere di toni e di nuova lotta il Paese, sinchè potrà dare un senso d'infinito alla Tra sensi di sacrifici non bene pareto che a questo risultato. Sopra quel resistenza, sopra ogni speranza di una continuazione più grave, sopra quella tentativo di far meglio lega gli sforzi con la prima sfida che la voluttà imposta già che la volontà impostasi, con del nemico, la crescente certezza che la potuta con irrimediabilmente perduta.

Tristezza profonda d'oggi, amarezza degli ultimi mesi, mentre la guerra ottava alle nostre porte, invadeva il suolo della patria, smarriva i mano ogni tentativo di riaprire ad ogni coraggio di quei momenti, di un'evidente insufficienza materiale, a una impreparazione che di lunga durata della tutta italiana vive le nostre sempre più calamità.

Ma ecco questo popolo tratto da una doppia realizzazione di vana-cosa di cibilità che vane-dicevasi un vano disastro il combattimenti ai mortiri di ciò inferire a te giorni nello stesso momento pesano ugualmente in di lui un pensino di cui la di scarsa colpa e un avvertire di colpa non la travaglia il suo.

Due date sorgono nella mente: il 4 novembre 1918, l'8 settembre del 1943. Due giorni col popolo, senza il popolo. E nel conforto e folla la storia dei bisogno d'infinito.

Le bandiere d'Italia al incrinano al cuddell, si motilati, si sopraffatti, che hanno compiuto intino misura il loro ardun dovere.

## L'impressione a Roma

Roma 8 settembre...

## La notizia comunicata a Churchill e a Roosevelt

Un articolo del « Daily Express » sulla politica verso l'Italia - La conferenza anglo-russo-americana fissata per ottobre a Londra

## STALINO SGOMBRATA

Violente battaglie in corso ad ovest di Carcov e di Conotop - Bruxelles attaccata dall'aviazione inglese

I giornali titolano sull'armistizio.

È il 27 dicembre 1947, Alcide De Gasperi firma la Costituzione italiana sotto lo sguardo del presidente della Repubblica Enrico De Nicola.

La Scala di Milano
dopo i bombardamenti
viene ricostruita in
tempo record. Poco
più di un anno dalla
fine della guerra,
l'11 maggio 1946,
è pronta per la
riapertura con un
concerto diretto da
Arturo Toscanini.

La città e il porto erano stati ripetutamente bombardati dagli anglo-americani. Non meno di 25 mila vittime oltre a danni enormi alle case, ai monumenti. Tra gli edifici danneggiati c'era anche quello. L'aveva progettato nel Settecento Luigi Vanvitelli come ricovero e caserma per la cavalleria borbonica. In seguito era stata ribattezzata «Caserma Bianchini». Tra le sue mura semidiroccate si concluse l'inutile atto eroico di quei giovani soldati.

Alla guerra disastrosa voluta da Mussolini, ai bombardamenti, si aggiunse in quel tragico settembre la durezza della reazione nazista all'annuncio dell'armistizio. Il colonnello Walter Schöll, comandante della piazza, proclamò lo stato d'assedio ordinando di passare per le armi chiunque avesse commesso atti ostili verso le truppe germaniche. La possibile rappresaglia era stabilita in 100 napoletani per ogni tedesco ucciso. Tra gli episodi di terroristica ferocia ci fu la fucilazione a freddo di un giovane marinaio sulle scale esterne dell'università davanti a centinaia di persone forzate ad assistere all'esecuzione. Isolati, sporadici, gli scontri e le azioni di sabotaggio però non cessarono mentre, da parte tedesca, continuavano le esecuzioni sommarie, i rastrellamenti, le ruberie. Il colonnello Schöll, rigido nella sua uniforme, ignaro di ogni psicologia, reagì nel modo peggiore. Il 22 settembre ordinò l'evacuazione immediata della fascia costiera per 300 metri dalla linea di costa. In poche ore migliaia di persone dovettero abbandonare le case, si può immaginare con quale stato d'animo. Poche ore dopo, il prefetto intimava a tutti i maschi tra i 18 e i

33 anni di presentarsi immediatamente per essere avviati al servizio di lavoro obbligatorio in Germania. In pratica una deportazione di massa. I renitenti sarebbero stati passati per le armi. Risposero solo poche centinaia di uomini su un totale stimato di circa 30 mila individui.

Il 27 settembre i tedeschi rastrellarono a forza circa ottomila uomini, ma a quel punto l'esasperazione, che s'era andata accumulando, esplose. Alcune centinaia di persone, che s'erano armate saccheggiando depositi di armi e munizioni, aprirono i combattimenti che infuriarono fino al 30 del mese con scontri, scaramucce, tecniche improvvisate di guerriglia urbana. Persone di ogni ceto sociale, medici, preti, ragazze, studenti, «scugnizzi», scesero in piazza spinti dalla miseria, dalla fame, dalla paura, dalla voglia di mettere fine con qualunque mezzo a un incubo. Ai popolani e borghesi si unirono militari sbandati dopo l'8 settembre.[3] Vennero liberati quelli già fatti prigionieri e destinati alla deportazione. Non ci furono direttive né contatti con le formazioni partigiane organizzate, la lotta fu generale, spontanea, appassionata, diretta al più da popolani autonominatisi comandanti di casamento, di strada, di quartiere.

Nonostante la superiorità in armamento, mezzi corazzati e disciplina, il colonnello Schöll capì di dover trattare. La sua controparte fu un giovane tenente del Regio Esercito, Enzo Stimolo. Schöll ottenne un corridoio per abbandonare Napoli in cambio del rilascio degli ostaggi. La ritirata però non fu indolore. Fino all'ultimo continuarono le distruzioni, comprese quelle feroci, inutili o delittuose, si arrivò a dare alle fiamme preziosissimi documenti dell'Archivio di Stato. Un popolo noto per la sua cultura si comportò con il furore cieco dei barbari ma, per la prima volta in Europa, i tedeschi furono costretti a trattare alla pari con insorti civili. Per le sue «quattro giornate», costate alcune centinaia di morti, Napoli sarebbe stata decorata con la medaglia d'oro.

Con la Liberazione e il dopoguerra, la città parve perdere lo slancio eccezionale di quelle giornate. Curzio Malaparte, nel suo romanzo-reportage *La pelle* (1949), illustra le condizioni dei napoletani, il loro stato d'animo, con i colori vividi e macabri di una prosa dove si mescolano il blu del mare e il rosso del sangue, la buffoneria e l'oscenità, la tragedia, l'inventiva e la rassegnazione, la fame e l'oltraggio. Nel capitolo «La vergine di Napoli», l'autore, in compagnia di un tenente americano, entra in un «basso» dove si può ammirare una ragazza realmente vergine distesa a gambe aperte. Pagando un dollaro se ne può saggiare col dito l'illibatezza. Gli episodi narrati sono di questo tenore, le parrucche simulano peli pubici biondi perché ai «negri» piace così: «*They like blondes*»; l'orgia omosessuale con un finto parto maschile; un gruppo di nane mostruose come dipinte da Hieronymus Bosch. Esce il quadro di una città popolata di ladri, di ruffiani, di puttane dove ognuno è disposto a vendersi in cambio di denaro o di una qualche merce, è scomparsa ogni dignità e la vita riprende non a scorrere ma a strisciare, al suo livello più degradato. Un racconto fondato su episodi o quanto meno spunti reali che vengono però dilatati dalla fantasia espressionistica dell'autore, dalla sua scrittura lussureggiante, dalla distorsione onirica, visionaria, che sa imprimere ai fatti. Non so se Fellini abbia mai letto Malaparte. In certe «mostruosità», in certe deformità ed eccessi dei suoi personaggi, a cominciare da *La dolce vita*, si ritrova un'analoga lettura attenta e distorta, realistica e allucinata.

Ci si può chiedere come mai la tentata rivoluzione del 1799 e la rivolta del 1943 ebbero esiti opposti, fallimentare la prima, vittoriosa (a suo modo) la seconda. Molte furono le diversità: i tempi storici, il contesto politico, le forze in campo, la durata degli eventi, la presenza o l'assenza delle masse popolari. La storia, compreso il racconto storico, vorrebbe che modi e circostanze fossero comparabili ma nel nostro caso non è possibile salvo che per un aspetto: la coerenza che si cela nei meccanismi sociali, la loro tendenza a ripetersi che talvolta permette di leggerli come costanti di un comportamento.

Gli intellettuali che alla fine del Settecento proponevano la Repubblica, prospettavano a masse analfabete una scelta politica profonda, articolata, un programma impegnativo, troppo avanzato per quelle plebi, quindi incomprensibile, roba da signori. Nel 1943 si trattò invece d'una fiammata rapida e violenta, del rifiuto rabbioso d'una dominazione non solo durissima ma stupida. Il colonnello Schöll dimostrò a Napoli la stessa cecità del procuratore della Giudea Ponzio Pilato, l'uno e l'altro incapaci di capire con quali genti avessero a che fare.

Nel 1799 si prospettava un cambiamento radicale, la fine della monarchia, di quella particolare monarchia. Ma pochi anni prima, a Parigi, la Rivoluzione era sfociata nel Terrore, re e regina erano stati ghigliottinati in piazza. A Napoli regnava con Ferdinando IV (e più di lui) sua moglie Maria Carolina d'Austria, sorella della decapitata Maria Antonietta. Il termine «repubblica» poteva assumere alla luce di quelle recenti tragedie la stessa aura sinistra che, nel Novecento, molti avrebbero dato alla parola «comunismo».

Nel 1943, al contrario, era fin troppo facile pensare che nulla potesse essere peggio di quella dominazione cieca, crudele e senza speranza; di quei soldati duri, precisi, spietati. Nel 1799 si profilava, in ogni senso, una rivoluzione; nel 1943 si trattò d'una rivolta. Non importava quello che sarebbe venuto dopo, la sola cosa importante era mettere fine a quello che c'era, comunque e a qualunque prezzo.

Una volta, in Italia, c'erano le maschere. Non le maschere di carnevale ma i personaggi che identificavano nella ripetitività dei gesti, dei vizi e dei tic, una regione, una città, tenevano in vita una tradizione antica. Arlecchino, maschera bergamasca della commedia dell'arte, servitore astuto, ribaldo, agilissimo, inventore di trucchi e di beffe. Il suo compare e servo Brighella, la sua fidanzata Colombina, scaltra servetta. Il bolognese dottor Balanzone; il piemontese Gianduja; il veneziano Pantalone, vecchio avaro dalla senile lussuria; il romano Rugantino, attaccabrighe, spaccone, pronto alla fuga. Per molti anni le maschere hanno animato intrecci, ordito inganni, violato e riaffermato ogni regola, divertito, come dicevano gli imbonitori, grandi e piccini. Anche Napoli ha la sua maschera, anzi una delle maschere più famose: Pulcinella, che viene dal XVI secolo, o forse da tempi ancora più remoti, da quegli spettacoli romani pieni di divertimento, scurrilità e sesso detti «atellane». Ha indosso un'ampia casacca bianca, sul volto una maschera nera dal gran naso che lascia scoperta solo la bocca, ventre prominente, talvolta una gobba. È stupido e furbo nello stesso tempo, sembra un diavolo ma può anche diventare un angelo, sa di essere in mezzo ai guai ma sa anche che in qualche modo ne verrà fuori con un gioco, una piroetta, un imbroglio, e che tutto finirà con una gran mangiata di maccheroni. Parla, grida, balla, canta, si dimena, gesticola; ma può anche restare a lungo immobile, neghittoso, sonnolento, pronto però al balzo felino per ghermire qualunque preda l'occasione gli offra. È un personaggio simpatico, divertente, generoso, pronto a dividere ciò che ha rubato con altri compagni di avventura e di sventura. Conosce però anche il tradimento e la malinconia improvvisa. Allora comincia a filosofeggiare, cerca rimedio in un sogno o nel canto.

Di tutte le maschere italiane, quella di Pulcinella è la più ricca, la più intensa e articolata. Il personaggio affonda nell'humus della città e della sua plebe, tra le più vivaci del Mediterraneo. Troppo vivace, secondo molti osservatori, vivace al punto da ignorare le regole più elementari e necessarie del comportamento collettivo, quelle che garantiscono la convivenza. Una vivacità che lascia esplodere senza limiti l'energia degli individui, il ribollire del sangue, la vibratilità d'un pensiero veloce impaziente davanti agli ostacoli, si tratti di un individuo o di una legge, che vanno dunque, leggi o individui che siano, eliminati, o aggirati. Molto del bene e del male di Napoli, della sua vitalità, del suo incanto e della sua dannazione, è racchiuso nella maschera di Pulcinella.

Napoli è stata per qualche secolo una vera capitale, certo più di Roma che nel momento in cui venne unita al Regno d'Italia era ridotta allo stato di villaggio con una popolazione inferiore a 250 mila abitanti, analfabeta al 70 per cento, affollata da un clero retrogrado che si manteneva con le rendite dei beni ecclesiastici, circondata da un territorio abbandonato all'incuria, in parte malarico, popolato di briganti. C'erano le gloriose rovine, ridotte però anche quelle in condizioni miserevoli, saccheggiate, depredate di ogni lastra di marmo o graffa di ferro che potesse in qualche modo essere riutilizzata da una plebe che aveva smarrito ogni dignità di popolo e ogni abilità artigiana. Napoli al contrario ha avuto rango di capitale, ne ha esercitato le funzioni, la sua corte ha mantenuto per un certo periodo un'adeguata collocazione tra quelle europee.

Il Regno detto delle Due Sicilie ha avuto una storia politica contorta come fa capire la sua stessa denominazione. Comprendeva le attuali regioni Abruzzo, Campania, Basilicata, Molise, Puglia, Calabria, Sicilia, oltre ad una porzione meridionale del Lazio (distretto di Gaeta). La peculiarità di quel dominio era che re Ferdinando, fino al Congresso di Vienna del 1815, assumeva due corone, quella di Napoli come Ferdinando IV, quella di Palermo come Ferdinando III. I territori relativi erano definiti, altra curiosità, «al di qua» e «al di là» del Faro, intendendosi con «Faro» quello di Messina.

La vera e propria isola era detta «Sicilia ulteriore». La parte continentale del territorio «Sicilia citeriore». Due Sicilie, appunto, per un totale di 22 provincie: 15 sul continente, 7 sull'isola. Erano stati fatti negli anni effimeri tentativi di unificare corone e territori ma una saldatura definitiva si ottenne solo dopo il Congresso di Vienna.

Oggi l'ex Regno delle Due Sicilie è diventato il famoso Mezzogiorno, la parte meno sviluppata e più problematica della Penisola, oggetto di reiterati tentativi di sviluppo raramente andati a buon fine. La narrativa, la saggistica, le iniziative politiche che lo riguardano sono innumerevoli. Da questa massa di pagine, di parole, di volontà di propositi, emergono alcuni studi molto significativi che non di rado al loro apparire hanno alimentato accese polemiche.

Il sociologo americano Edward C. Banfield, pubblicò nel 1958 un saggio che in italiano traducendo alla lettera *The Moral Basis of a Backward Society*, s'intitola *Le basi morali di una società arretrata*. Banfield avanza l'ipotesi che il villaggio lucano da lui lungamente studiato sia caratterizzato da ciò che definisce «familismo amorale». In questo tipo di convivenza prevalgono individui che massimizzano i vantaggi materiali e immediati della propria famiglia trascurando o addirittura violando ogni regola utile alla comunità, è come se il loro mondo finisse sulla soglia di casa. Secondo Banfield un comportamento di questo tipo ha una causa antropologico-culturale, ed è relativamente sciolto dalla struttura economica. In altre parole: in una società arretrata come quella da lui descritta sia i poveri sia i ricchi si comportano in modo analogo perché la «cultura» alla quale entrambi appartengono prevale sulle differenti condizioni sociali. Il ricco costruisce una palazzina abusiva, il povero costruisce una baracca abusiva. Il «familista amorale» sviluppa comportamenti che non sono *community oriented* perché non ha fiducia nella collettività e nei suoi singoli membri, coopera con altri solo se scorge un suo personale tornaconto. Il familismo amorale è dunque il contrario della *civicness* (senso civico, civismo) che si ha quando una comunità considera il proprio «capitale sociale» un «bene pubblico» generatore di norme e di valori condivisi, ispiratore di fiducia in una collettività nella quale tutti (o molti) si identificano anche in senso storico e valoriale. In questo modo il «capitale sociale» diventa una caratteristica comune tenuta insieme da una storia condivisa e dalla rete delle relazioni tra individui. Tutto ciò che, secondo Banfield, manca nelle società arretrate del Mezzogiorno d'Italia.

Un altro saggio notevole è quello del sociologo americano Robert Putnam che nel 1993 ha pubblicato il suo *Making Democracy Work* che tradurrei «Come funziona la Democrazia» ma che la Mondadori ha invece titolato *La tradizione civica nelle regioni italiane*. Per vent'anni Putnam (con i suoi collaboratori Robert Leonardi e Raffaella Nanetti) ha studiato il funzionamento delle diverse regioni seguendo grosso modo il metodo a suo tempo usato da Alexis de Tocqueville per scrivere il suo celebre *La democrazia in America*. L'idea era di analizzare in che modo i nuovi organismi regionali, formalmente identici ma inseriti in ambienti molto differenti, avrebbero agito nelle diverse aree della Penisola. Il fuoco della ricerca era centrato sul modo in cui le tradizioni locali di associazionismo, di impegno civico, di spirito cooperativo, avrebbero influenzato l'azione politica. Il risultato fu, ancora una volta, la constatazione delle notevoli differenze tra le regioni centro-settentrionali e quelle del Mezzogiorno. Del resto guardando le cose con spirito retrospettivo non c'è dubbio che la Campania e il Piemonte abbiano dato vita a realtà amministrative sostanzialmente differenti.

Anche Putnam, come Banfield, dà molto peso alla maggiore o minore presenza di «senso civico» per la correttezza delle amministrazioni, la partecipazione dei cittadini, il buon uso del denaro pubblico. Quando gli studiosi provano a stilare una graduatoria, si vede che per ogni voce esaminata regioni come Emilia, Lombardia, Umbria, Toscana compaiono sempre nel gruppo di testa mentre Calabria, Campania e Sicilia restano costantemente al fondo. Gli autori, alla ricerca delle possibili cause, ritengono di poterle trovare nella storia dei luoghi. Putnam scrive per esempio che nel Mezzogiorno: «La vita pubblica è organizzata in modo gerarchico. [...] Sono pochissimi coloro che partecipano alle decisioni riguardanti il bene collettivo. L'interesse per la politica non è dettato dall'impegno civico, ma scatta per obbedienza verso altri o per affarismo. Raro è il coinvolgimento in associazioni sociali e culturali. La corruzione viene considerata una regola dai politici stessi. I principi democratici vengono guardati con cinismo».

Al Nord invece, continua il sociologo americano, una maggiore intensità e frequenza dei rapporti, «comunità civiche» più forti, sono la conseguenza, e l'eredità storicamente radicata, degli antichi istituti comunali. È come se al Nord si fosse stati capaci di conciliare in una più larga misura l'interesse degli individui e delle famiglie con il bene della comunità.

Al Sud sarebbe mancata fin dal Medio Evo l'esperienza comunale. Per conseguenza mentre al Nord si diffondevano rapporti orizzontali tra cittadini fatti di mutuo scambio e cooperazione, dunque civismo, al Sud hanno prevalso rapporti «verticali» vale a dire tra individui soggetti e soprastanti padroni.

Queste conclusioni sono state fortemente criticate. Allo studioso si è rimproverato di aver messo in piedi un'ipotesi che, portata alle sue estreme conseguenze, rischia di sconfinare in un dato antropologico, ovvero nel razzismo. Inoltre si è osservato che lo studio trascura le cause recenti del sottosviluppo meridionale, a cominciare dallo sfruttamento da parte del resto del Paese, dall'imposizione di una frettolosa cultura industriale che quei territori, inutilmente devastati da impianti chimici o siderurgici, non erano pronti né adatti ad accogliere. Alla luce degli ultimi eventi, potremmo aggiungere che Nord e Sud sul finire del Novecento si sono uniti nello sforzo criminale di completare quest'opera di devastazione con il traffico dei rifiuti tossici portati al Sud da bande di gangster locali per smaltirli in quantità tale da avvelenare non solo la superficie del suolo ma le stesse falde freatiche sotterranee.

Uno studio italiano meritevole di ricordo, tra i tanti, è quello dell'antropologo Carlo Tullio-Altan. Nel suo *La nostra Italia* (1986) anche Altan dà grande peso al familismo inteso come centro quasi esclusivo di valori e di comportamenti. Si tratterebbe di un vero universo di valori spesso contrapposto a quello della città e, più decisamente, della nazione. Ancor più di Banfield, Altan vede il familismo italiano alla stregua di una metafisica dei costumi capace di orientare i comportamenti a vantaggio della propria famiglia anche se a scapito degli interessi collettivi. Una prova empirica dell'assunto si può facilmente vedere nell'atteggiamento di un leader politico come Umberto Bossi che mentre si proclama padano, o quanto meno non-italiano, si comporta nei confronti della famiglia e dei figli come il più convinto dei padrini meridionali.

Sono sufficienti queste analisi a spiegare le ragioni del secolare sottosviluppo meridionale di cui Napoli è uno degli emblemi? Prima ancora: è esatta la diagnosi dalla quale partono? Ogni risposta è ipotetica e rischia di essere smentita da un'ipotesi diversa. Per esempio lo storico Rosario Villari nel suo ultimo saggio sottolinea, assistito da una lunga ricerca d'archivio, come la storia di Napoli e del Mezzogiorno sia anche la lenta incubazione di un progetto riformista e di *Un sogno di libertà* (è il titolo del libro, Mondadori 2012) che non di rado è riuscito a coinvolgere anche gli strati più umili della popolazione. È sicuramente una parte del quadro; negli esiti complessivi però sembrano prevalere tratti così difformi dal resto del Paese da aver fatto parlare addirittura di «due Italie». La Fondazione Edison qualche tempo fa riassumeva in questi termini la situazione: «Secondo dati Eurostat, l'Italia del Nord vanta un Pil pro capite superiore a quello del Regno Unito, mentre l'Italia centrale sorpassa quello di Paesi come la Svezia, la Germania o la Francia. [...] Il Mezzogiorno [invece] con i suoi 20,7 milioni di abitanti costituisce in Europa la più gigantesca area di basso reddito, comparabile a quella rappresentata da Grecia e Portogallo presi assieme».[4]

È possibile che un Paese risulti davvero «unito» quando esistono differenze economiche di tale vastità? La risposta non è per forza negativa; l'andamento dell'economia non è tutto, esistono anche altri criteri che rendono gli italiani a nord e a sud della Penisola compartecipi dello stesso destino. Basta saperli vedere.

# Stetti un poco, e uscii dal mondo

L'Umbria è una regione speciale. L'unica nell'Italia peninsulare circondata per intero da altre terre, senza uno sbocco sul mare; ma è anche la sola, nell'intera nazione, non collocata su alcun confine terrestre o marittimo. Un milione di abitanti, tra le meno popolate, un paesaggio per lo più collinare attraversato da un fiume di modesta portata e di grande fama, il Tevere, nonché da un'antica strada consolare, la Flaminia (220 a.C.), che portava da Roma alla costa adriatica, dunque a prima vista una regione di passaggio più che di sosta. Questo rinserrarsi in una dimensione ridotta (8500 chilometri quadrati in tutto), il carattere gotico delle sue cittadine, a cominciare da Perugia, il capoluogo, o da Orvieto, arroccata in cima ad un'alta rupe tufacea, danno all'Umbria una coloritura arcaicizzante quasi sempre autentica, venata solo di rado da qualche compiacimento lezioso. Spoleto, Todi, Cascia, Gubbio, Norcia, Montefalco, Montecastello di Vibio, cittadine di diversa estensione, annidate quasi sempre sulla sommità di un'altura, differenti l'una dall'altra tutte però impreziosite da un qualche gioiello d'arte, dalla tessitura urbana, dalle costruzioni in pietra nei centri storici, dalle vie scoscese, tortuose, ripide, dall'esiguità dello spazio, dal paesaggio circostante con le gobbe delle colline verdeggianti di ulivi, di vigne, di boschi di querce e di castagni. La storia di altre regioni parla di dominio e di conquiste, di violenza e di scontri; non l'Umbria, dove il più rilevante episodio militare rimane la celebre battaglia del Trasimeno (217 a.c.) tra le truppe di Annibale e le legioni romane comandate dal console Caio Flaminio. Più che una vera battaglia un massacro, con il geniale condottiero cartaginese che compie una manovra di stile napoleonico attaccando di sorpresa i fianchi delle legioni in assetto di marcia, dunque particolarmente esposte. I morti romani quel giorno furono migliaia.

Non ho citato Assisi perché è lì che vogliamo arrivare. La vista dalla valle è impressionante perché Assisi s'innalza a scaglioni, a terrazzamenti sulle falde del monte Subasio e perché ad Assisi, come a Gerusalemme, si ha immediatamente la sensazione di arrivare in una località straordinaria per i colori, i profili, il contrasto tra monti e cielo, per i contrafforti del Sacro convento che sorreggono con le loro grandi arcate le costruzioni sovrastanti: case, cupole, campanili, basiliche.

Quando Giovanni Bernardone, figlio di Pietro, venne al mondo era il 1182 e il paesaggio era ovviamente diverso, più fitti i boschi, più rade le abitazioni. Identiche però dovevano essere la trasparenza dell'aria, le sfumature dei colori dal bianco brunito della rocca maggiore, al verde dei campi e dei boschi che tocca a volte sfumature nerastre, al blu intenso del cielo estivo.

La vita di Giovanni è stata raccontata molte volte; le vicende principali sono quindi note, intatto però resta il fascino della sua figura da cui s'irradia uno dei più intensi e toccanti enigmi sulla natura umana. Era stata sua madre a dargli il nome di Giovanni, Pietro Bernardone però impose di chiamarlo Francesco, cioè «il francese» in omaggio alla regione della Provenza con la quale aveva commerci grazie ai quali, vendendo tessuti, aveva fatto fortuna. Per di più è possibile che donna Pica, la madre, fosse originaria di quella regione. Anche da adulto, Francesco, usava talvolta la sua bella voce per cantare in francese.

Famiglia ricca e giovinezza agiata quindi con tutti gli svaghi che l'epoca, le compagnie e i luoghi potevano offrire. Quando era sulla ventina, Francesco partecipò alla guerra tra Perugia e Assisi, guelfa la prima – cioè d'obbedienza papale – ghibellina l'altra. Non era un gran combattente, venne fatto prigioniero e rinchiuso in carcere a Perugia. Fu questo periodo di reclusione, con la solitudine, l'inedia, il buio e i disagi di una cella, a spingerlo verso un radicale cambiamento di vita? Così scrivono alcuni biografi (che meglio sarebbe definire agiografi). In realtà non lo sappiamo; per meglio dire: di questi primi anni non sappiamo quasi niente che abbia una qualche attendibilità storica.

Francesco fa parte di quella minoranza di italiani che sono stati capaci di racchiudere l'intera loro vita nell'affermazione di un principio, se si vuole, di un ideale. Già in vita è stato definito un pazzo, un fanatico; è possibile che soffrisse sia di anoressia sia di attacchi isterici, ma questi eventuali mali non bastano a capire gli ideali che lo pervasero. In realtà fu l'esempio di quale coerenza possa improntare l'intera esistenza di un uomo. C'è nella vita di Francesco un segreto che è la sua stessa vita.

Quando la guerra finì (1203) aveva 21 anni. Era rimasto in carcere per circa un anno ed era stato liberato dopo che il ricco mercante suo padre aveva pagato un adeguato riscatto. Di salute era sempre stato cagionevole e la prigionia certo non aveva giovato. Passò un periodo di convalescenza nelle proprietà di famiglia a contatto con la natura umbra, dolcissima allora come oggi. Tommaso da Celano, uno dei suoi mitografi, descrive così i suoi anni giovanili prima della conversione:

Sciupò miseramente il tempo, dall'infanzia fin quasi al suo venticinquesimo anno. Anzi, precedendo in queste vanità tutti i suoi coetanei, si era fatto promotore di mali e di stoltezze. Oggetto di meraviglia per tutti, cercava di eccellere sugli altri ovunque e con smisurata ambizione: nei giuochi, nelle raffinatezze, nei bei motti, nei canti, nelle vesti sfarzose e morbide. E veramente era molto ricco ma non avaro, anzi prodigo; non avido di denaro, ma dissipatore; mercante avveduto, ma munificentissimo per vanagloria; di più, era molto cortese, accondiscendente e affabile, sebbene a suo svantaggio. Appunto per questi motivi, molti, votati all'iniquità e cattivi istigatori, si schieravano con lui. Così, circondato da facinorosi, avanzava altero e generoso per le piazze di Babilonia.[1]

Sia dipeso dagli orrori della guerra, o dalle meditazioni durante la convalescenza, o dal contatto prolungato con la natura, o forse, come scrive Tommaso da Celano sia accaduto che «la mano del Signore si posò su di lui e la destra dell'Altissimo lo trasformò», fatto sta che la sua indole di giovane ricco, di denaro e di spirito, repentinamente cambia. Nel giro di alcuni mesi il giovane scapestrato e arrogante diviene quel Francesco che la Chiesa farà velocemente santo, due anni appena dopo la morte. Un capovolgimento del genere non poteva avvenire da un giorno all'altro né in maniera pacifica. Fu suo padre il primo a preoccuparsene. Avrebbe voluto, come ogni padre, che quel figlio amato continuasse la lucrosa attività della famiglia e comunque restasse nei canoni che i costumi del tempo prevedevano per un giovane della sua condizione. Per esempio, Francesco era voluto partire per un'impresa militare al seguito di Gualtiero di Brienne. Pietro Bernardone non ebbe da obiettare: possiamo dire che un'impresa militare rientrava nel curriculum di un giovane della ricca borghesia mercantile. La sua partenza, rivestito di una ricca armatura, era stata salutata come meritava.

In realtà Francesco arrivò a malapena a Spoleto; lì si sentì male e dovette rientrare deciso ormai a cambiare vita. Per la famiglia non fu una buona notizia quel ritorno improvviso e senza gloria, tanto più che subito dopo il giovane cominciò a sfuggire suo padre

oppresso com'era, o illuminato, da certi suoi propositi, o ubbie, che teneva gelosamente segreti. Ci furono
contrasti, anche violenti, Francesco corse a nascondersi per più d'un mese in una grotta, quando rientrò
in Assisi i passanti, vedendolo stravolto, lacero, pallido come un cadavere, cominciarono a tirargli addosso pietre e manciate di terra, lo irridevano chiaman-
dolo pazzo. Il padre, sconvolto, lo trascinò in casa
chiudendolo in una stanza segreta, stretto in catene
per evitare che fuggisse. Francesco ugualmente fuggì,
aiutato quasi certamente dalla madre, per andare a
rifugiarsi da un prete suo amico a san Damiano, una
chiesa alla periferia della città.

A questo punto Pietro Bernardone dovette rasse-
gnarsi, era evidente che quel figlio era ormai perso
per la famiglia e per il mondo, il suo mondo quanto
meno. Lo denunciò allora al vescovo e ci fu una specie di processo. Quando Francesco comparve davanti
ai giudici, si sentì ordinare: «Restituisci a tuo padre
tutti i denari che hai... Dio non vuole che tu spenda a
beneficio della Chiesa i guadagni di tuo padre».

Allora ci fu la famosa scena tante volte ripetuta e
commentata, illustrata per primo da Giotto negli affreschi della basilica e che possiamo datare intorno al
1306. Francesco non restituì solo i soldi ma tutto: tutti
gli oggetti, tutti gli abiti fino alle brache, e anche tutti
i denari che mise in cima all'involto dei suoi vestiti.

Prosegue Tommaso da Celano:

Francesco non esita né indugia per nessun motivo:
senza dire o aspettar parole, si toglie tutte le vesti e

le getta tra le braccia di suo padre, restando nudo di fronte a tutti. Il vescovo, colpito da tanto coraggio e ammirandone il fervore e la risolutezza d'animo, immediatamente si alza, lo abbraccia e lo copre col suo stesso manto. Comprese chiaramente di essere testimone di un atto ispirato da Dio al suo servo, carico di un significato misterioso.

Il significato non è in fondo così misterioso. A parte lo scatto d'orgoglio o forse di fragilità nervosa, che un comportamento così radicale denuncia, è evidente che in quelle circostanze il gesto ebbe anche un significato allusivo. Francesco si fa nudo come al momento della nascita affinché la spoliazione appaia ciò che in realtà vuole essere: una completa, totale, rinascita.

Ho riassunto per sommi capi i primi anni di Francesco fino all'episodio esistenziale e simbolico dal quale possiamo far cominciare la sua nuova vita. Da quel momento inizia a servire i lebbrosi, vincendo la ripugnanza per l'orrore, il fetore delle loro piaghe purulente. Stringe le mani, si fa abbracciare da povere creature costrette a girare con un campanaccio alla caviglia perché tutti abbiano modo di fuggirli. Si spoglia perfino delle povere vesti che gli avevano donato e, preso da un rapimento febbrile che rasenta la follia, «si scioglie dai piedi i calzari, abbandona il suo bastone, si accontenta di una sola tunica, sostituisce la sua cintura con una corda. Da quell'istante confeziona per sé una veste che riproduce l'immagine della croce, per tener lontane tutte le seduzioni del demonio; la fa ruvidissima, *per crocifiggere la carne e tutti i suoi vizi* (Gal 5,24) e peccati, e talmente povera e grossolana da rendere impossibile al mondo invidiargliela!».

È il suo sposalizio con la Povertà, l'abbandono totale del mondo di cui dirà anche nel testamento, là dove compaiono tra l'altro le magnifiche parole che fanno da titolo a questo capitolo. Da quel momento Francesco vive solo per annunciare la parola del Signore, lo spirito del Vangelo.

Per quanto forte, addirittura ossessivo, fosse l'amore mistico che l'aveva invaso, il suo comportamento non si spiegherebbe del tutto senza tener conto del contesto. Nel giro di quegli anni sorgono in seno alla Chiesa alcune correnti monastiche i cui membri si obbligano, tra l'altro, al voto di povertà. Non solo ai singoli individui ma anche al gruppo o al convento è fatto divieto di possedere alcunché; il poco che serve al sostentamento deve venire dall'elemosina e dal lavoro manuale. Erano state alcune correnti «ereticali» (oggi diremmo «protestanti») a lanciare per prime questo messaggio. Per esempio i catari e i valdesi, accolti con grande favore dai più umili e poveri, scandalizzati dall'ostentata ricchezza delle alte gerarchie ecclesiastiche. Nascono così per contrastare le eresie i «domenicani» dal nome del fondatore Domenico di Guzmán e i «francescani» dal nome del nostro Francesco. Il vasto movimento pauperistico trovò un'eco all'interno della Chiesa e fu soprattutto l'entusiasmo di Francesco a contribuirvi. Ancora nelle parole di Tommaso da Celano:

L'abito che egli allora portava era simile a quello degli eremiti, con una cintura di cuoio, un bastone in mano e sandali ai piedi. Ma un giorno in cui in questa chiesa si leggeva il brano del Vangelo relativo al mandato affidato agli Apostoli di predicare, il Santo, che ne aveva intuito solo il senso generale, dopo la Messa, pregò il sacerdote di spiegargli il passo. Il sacerdote glielo commentò punto per punto, e Francesco, udendo che i discepoli di Cristo non devono possedere né oro, né argento, né denaro, né portare bisaccia, né pane, né bastone per via, né avere calzari, né due tonache, ma soltanto predicare il Regno di Dio e la penitenza (Mt 10,7-10; Mc 6,8-9; Lc 9,1-6), subito, esultante di Spirito Santo, esclamò: «Questo voglio, questo chiedo, questo bramo di fare con tutto il cuore!».

Esistono versioni della vicenda francescana che tendono ad edulcorare avvenimenti e reazioni; non danno conto dell'atmosfera drammatica nella quale Francesco fece le sue prime scelte, della diffidenza che il suo movimento suscitò e, per conseguenza, delle difficoltà dei «francescani» a farsi ammettere tra gli ordini riconosciuti. D'altra parte per sviluppare la sua azione e attrarre nuovi confratelli, Francesco aveva bisogno dell'approvazione papale sapendo benissimo che non sarebbe stato facile ottenerla. Aveva adottato per sua naturale inclinazione, e per scelta, norme di vita che lo ponevano in una posizione di notevole contrasto con la curia e con il pontefice. Nel 1209, accompagnato da pochi «fratelli», porta a papa Innocenzo III a Roma la prima bozza di una sua Regola, «poche direttive indispensabili e urgenti per una santa vita in comune», di cui Tommaso da Celano riporta i contenuti. Il papa la fa esaminare e reagisce con cautela approvandola solo oralmente, cioè senza consacrarla con una «bulla», il sigillo pontificio.

C'erano in quelle poche pagine idee rivoluzionarie rispetto ai costumi correnti, una visione completamente rinnovata dell'umanità. Sono le stesse che fanno di Francesco non solo un santo per la sua Chiesa ma un immenso spirito degno di venerazione da parte di tutti. La prima norma dà il tono a tutte le altre: rifiutare totalmente ogni tipo di beni. «Se avessimo dei beni, rispose un giorno a chi gli chiedeva le ragioni di una scelta così radicale, dovremmo avere anche armi per difenderci. Dalla ricchezza nascono le liti che impediscono l'amore di Dio e quello per il prossimo.» Era la stessa radicalità che segnava il contrasto con il lusso della curia romana.

Bernardo, primo discepolo di Francesco, dette un giorno, in una chiesa fiorentina, una risposta illuminante ad un uomo generoso che voleva offrirgli delle monete. «È vero che siamo poveri» disse, «ma per noi la povertà non è un peso come per altri indigenti, ci siamo fatti poveri per nostra libera scelta.» Questa libertà consente che i grandi disagi connessi a quella condizione siano affrontati con «letizia». Scrive Matteo (10,16): «Quando digiunate, non assumete aria malinconica come gli ipocriti, che si sfigurano la faccia per far vedere agli uomini che digiunano. In verità vi dico: hanno già ricevuto la loro ricompensa». Postilla Francesco nella prima versione della Regola (cap. VII): «Si guardino i frati dal mostrarsi tristi all'esterno e rannuvolati come gli ipocriti, ma si mostrino lieti nel Signore».

Qui è il centro della scelta francescana, la volontarietà del sacrificio, una vita esteriormente misera e invece tanto più ricca in termini di meditazione, preghiera e soprattutto azione redentrice verso gli esclusi, gli ultimi, i «dannati della terra» come li chiamerà nel Novecento lo scrittore Frantz Fanon.

C'è solo un altro movimento, che per un aspetto (e uno solo) possiamo avvicinare a quello francescano, sono i *kibbutzim* nati nella futura Israele a partire dagli inizi del XX secolo. Nell'ideale di un *kibbutz* (fattoria collettiva) c'è come per i francescani l'idea di abolire la proprietà privata dei beni. Un comunismo radicale che ha incluso (fino a quando è durato) perfino l'allevamento dei bambini affidato ad appositi «nidi» dove la presenza dei genitori era consentita per un paio di ore al giorno.

L'ideale comunista e sionista dei *kibbutzim* è via via declinato con il passare degli anni per diverse ragioni; lo stesso sviluppo economico di Israele ha reso la severa vita del *kibbutz* sempre meno attraente per le generazioni più giovani, allo stesso modo in cui il francescanesimo avrebbe via via attenuato il rigore delle regole dettate dal fondatore.

Due esperienze così lontane possono essere accostate per quell'unico aspetto della volontarietà. Si andava per libera scelta in un *kibbutz*, altrettanto liberamente se ne usciva. Allo stesso modo, ci si sottometteva alle rigidissime regole di Francesco solo per una scelta fortemente voluta, presupposto indispensabile per sopportare la severità di quel regime. Tommaso da Celano:

Da cultori fedeli della santissima povertà, poiché non possedevano nulla, non s'attaccavano a nessuna cosa, e niente temevano di perdere. Erano contenti di una sola tonaca talvolta rammendata dentro e fuori, tanto povera e senza ricercatezze da apparire in quella veste dei veri crocifissi per il mondo, e la stringevano ai fianchi con una corda, e portavano rozzi calzoni. Il loro santo proposito era di restare in quello stato, senza avere altro. Erano perciò sempre sereni, liberi da ogni ansietà e pensiero, senza affanni per il futuro; non si angustiavano neppure di assicurarsi un ospizio per la notte, anche se pativano grandi disagi nel viaggio. Sovente, durante il freddo più intenso, non trovando ospitalità, si rannicchiavano in un forno, o pernottavano in qualche spelonca.

Un episodio quasi pazzesco per intensità dice bene il limite sconvolgente al quale l'esperienza ideale della povertà volontaria poteva spingersi. Nei *Fioretti* (I, VIII) leggiamo che un giorno Francesco spiegò al suo compagno più fidato, fra Leone, quale fosse la vera e perfetta letizia. Era una rigida giornata invernale, i due camminavano nel vento che gelava perfino i loro poveri abiti. Francesco prospetta a Leone alcuni casi mirabili o di carità o di forza nella conversione: «Fra'

Leone, se avvenisse, a Dio piacendo, che i frati minori dovunque si rechino dessero grande esempio di santità e di laboriosità, annota e scrivi che questa non è perfetta letizia». Seguono vari altri esempi sempre più alti ed elaborati; ad esempio: «Se il frate minore parlasse la lingua degli angeli, conoscesse tutti i misteri delle stelle, tutte le virtù delle erbe, che gli fossero rivelati tutti i tesori della terra, e tutte le virtù degli uccelli, dei pesci, delle pietre, delle acque; scrivi, non è qui la perfetta letizia».[2] S'arriva finalmente al punto cui la perorazione tendeva. La perfetta letizia è per Francesco arrivare alla Porziuncola dopo un lungo viaggio in una notte gelida, bussare alla porta ed essere brutalmente respinto dal frate guardiano: «Vattene, idiota che non sa nulla, non venire più qui. Noi siamo tanti e non abbiamo bisogno di te». Sopportare con pazienza parole di tale durezza, lì è la vera letizia.

C'è ovviamente una spiegazione per una parabola che in termini di pura ragione appare insensata. La storica Chiara Frugoni fa notare che in questo apologo si nasconde «un modello evidente: Cristo tradito dai suoi, percosso e insultato all'inizio della Passione».[3] Francesco si pone qui come novello Gesù. Saranno in molti a riprendere il parallelo.

Il filosofo Giorgio Agamben in un suo libro recente fa notare come l'ideale monastico nella sua forma originaria sia una fuga individuale dal mondo. Il penitente, l'eremita, lo stilita, sono altrettanti esempi di uomini che fuggono la collettività – fuggono, si potrebbe dire, anche dal proprio corpo – per vivere immersi nella meditazione e nella preghiera. In un secondo tempo però, quando questa vita di raccoglimento diventa comunitaria, s'impone la nascita di regole, orari, disciplina, diventa necessaria una certa suddivisione dei compiti, una gerarchia. Nel cenobio tutto è in comune, il cibo, i servizi, la mensa, le ore della preghiera, del lavoro, del riposo. Il rigore di questa scansione temporale, scrive Agamben, «non soltanto non aveva precedenti nel mondo classico, ma, nella sua intransigente assolutezza, non è stato forse uguagliato in alcuna istituzione della modernità, nemmeno dalla fabbrica taylorista».[4] Non si tratta soltanto di essere poveri, cioè privi di tutto ciò che ecceda il minimo per sopravvivere (un po' di cibo, un riparo), ma di concepire in modo rivoluzionario l'uso dei beni ponendosi al di fuori di ogni norma che ne regoli il possesso. Nascere poveri o diventarlo costretti dalle circostanze è una cosa. Abbracciare spontaneamente la povertà è totalmente diverso. Il povero per necessità e il povero per scelta condividono solo in apparenza la medesima condizione; nella sostanza hanno una percezione dissimile del proprio *status*. La povertà, come la castità o l'umiltà, rientrano in una regola ma a quella regola si è aderito con tale partecipazione da appropriarsene. Agamben cita il canonista Stéfano di Tournai (1128-1203) che condensa in poche parole questa identificazione totale e arriva a dire che i libri delle Regole di alcuni movimenti ascetici *«non Regula appellatur ab eis, sed vita»*, non sono da essi chiamati Regola, bensì vita.

Un testo anonimo su Francesco, dal titolo *Il sacro patto con Madonna Povertà*, spiega bene quale fosse il rapporto dei primi fratelli con queste rinunce dalle quali scaturiva un'inaudita serenità. Narra il testo che Francesco e alcuni suoi compagni un giorno s'accompagnano con una bella dama che è appunto Madonna Povertà. La conducono in un luogo alto di grande bellezza naturale, la rifocillano con del pane secco, la dissetano con acqua di fonte, la fanno riposare sulla nuda terra. Al risveglio Madonna chiede di visitare il chiostro dove solevano passare parte della giornata: «La condussero in cima ad un colle e le mostrarono tutt'intorno la terra fin dove poteva spingersi lo sguardo dicendo: "Ecco Signora il nostro chiostro"».

L'aneddoto è bello ma soprattutto fa capire la distinzione tra i frati mendicanti di Francesco e i monaci. Questi ultimi chiudendosi nei conventi e nei chiostri s'isolavano raccogliendosi in luoghi dai quali gli stessi fedeli erano di regola esclusi. I francescani al contrario avevano il mondo come chiostro, ognuno di loro era in un certo senso «fuggito dal mondo» ma la fuga riguardava lui, per il resto la sua azione, il suo esempio, erano proiettati, gettati, nel mondo, un libero spazio da percorrere in un perpetuo cammino.

Questo empito che si può ben chiamare rivoluzionario non poteva essere visto con favore da una Chiesa che praticava una condotta opposta, per l'uso a volte sfacciato delle ricchezze e soprattutto perché tenuta a comportarsi secondo le regole imposte dall'esercizio del dominio. Saranno necessari quattordici anni prima che, nel 1223, un altro papa, Onorio III, accetti di approvare con bolla la Regola di Francesco, peraltro così ridimensionata rispetto alla prima da rispecchiare in minima parte gli iniziali propositi.

Così riassume le differenze Chiara Frugoni: «La maggior parte delle citazioni evangeliche è stata soppressa, il linguaggio è seccamente giuridico e non effusivo o poetico. Non si parla più di dover curare i lebbrosi, di rispettare una rigorosa povertà, di potersi ribellare ai superiori indegni» e così di questo passo. Francesco ha avuto il suo riconoscimento ma sente il peso delle rinunce. Secondo alcuni biografi comincia, nel 1223, il periodo detto della «grande tentazione»: abbandonare tutto, non curarsi più delle comunità dei fratelli, ritirarsi in un solitario colloquio con Dio.

Con o senza bolla, l'ordine comunque si diffonde e i francescani, come ormai tutti li chiamano, esercitano grande fascino ovunque vadano a predicare attirando sempre nuove adesioni. Probabilmente troppe adesioni, se possiamo giudicarlo dal fatto che presto cominciano a formarsi al suo interno diverse posizioni, o «correnti» come le chiameremmo oggi. Sul finire della vita, Francesco è costretto a denunciare più volte l'involuzione dell'ordine da lui creato, consapevole che al suo interno ci sono troppe posizioni divergenti. Nel numero, assume un rilievo particolare quella dei cosiddetti «spirituali». Costoro proclamavano di voler vivere in povertà assoluta ad imitazione di Gesù il Cristo e in obbedienza al «Testamento» dello stesso Francesco. La corrente si sviluppa soprattutto nella Francia meridionale (Provenza) e nell'Italia centrale, segnatamente in Toscana; questi frati si distinguevano per una predicazione vivace che non si limitava ai vari richiami alla povertà ma annunciava anche l'arrivo imminente dell'Apocalisse che avrebbe posto fine alla corruzione della Chiesa, segnandone il rinnovamento.

Il contrasto tra la linea ufficiale della gerarchia e questi precetti, sempre latente, esplode novant'anni dopo la morte di Franccsco con l'ascesa al soglio pontificio di papa Giovanni XXII, al secolo Jacques Duèze, nato nel 1249 a Cahors (città gallo-romana nella zona del Midi-Pyrénées). Il nuovo pontefice è consacrato nel settembre 1316 dunque all'età piuttosto avanzata di 67 anni. Siamo nel periodo (1309-1377) in cui la sede pontificale si trova ad Avignone. Le controversie all'interno dell'ordine francescano, in particolare quelle sollevate dagli «spirituali», sono uno dei problemi che il nuovo papa deve affrontare. Lo fa a modo suo, cioè con grande decisione perché le spinte centrifughe dei numerosi movimenti pauperistici non potevano essere facilmente controllate senza un'energica repressione. Un anno dopo la sua elezione, papa Giovanni mette al bando gli «spirituali»: chi non si adegua è mandato davanti all'Inquisizione per esservi condannato come eretico.

Il dissidio verteva principalmente intorno al tema della povertà, diventata questione così dirimente che «spirituali» e papa arrivarono a scambiarsi reciproche accuse di eresia. Ancora nel 1389 (oltre un secolo e mezzo dopo la morte di Francesco!) il predicatore francescano Michele da Calci (Pisa), aderente ai «Fraticelli della vita povera» (*Fratres de paupere vita*), veniva arso vivo a Firenze. La storia del suo processo e martirio, raccontata da un anonimo fraticello (*Storia di fra Michele minorita*), è considerata uno dei grandi testi del Trecento italiano. Vi si trovano addirittura, come in una cronaca dal vivo, le urla della folla che esorta il frate, condotto al patibolo, a rinnegare le sue idee: «Niega, niega!», gridavano; o anche «Non voler morire, sciocco che tu se'». Non rinnegò e come Giordano Bruno morì «abbrugiato».

Umberto Eco nel suo romanzo *Il nome della rosa* fa diventare uno dei suoi personaggi, Adso da Melk, testimone del supplizio di cui dà conto parafrasando il testo dell'anonimo fraticello:

Appiccarono il fuoco. E frate Michele, che già aveva intonato il *Credo*, intonò dopo il *Te Deum*. Ne cantò forse otto versi poi si piegò come dovesse starnutire, e cadde per terra, perché si erano arsi i legami. Ed era già morto, perché prima che il corpo bruci del tutto già si muore per il gran calore che fa scoppiare il cuore e il fumo che invade il petto. Poi il capanno s'infiammò tutto come una torcia.[5]

Francesco aveva capito da tempo che il movimento da lui fondato era diventato troppo ampio per mantenere la compatta ispirazione degli inizi. Pochi decenni dopo la sua fine la cosa diventa evidente. Nel 1266, quarant'anni esatti dopo la sua morte, le gerarchie francescane riunite a Parigi decidono, per ragioni di disciplina e di dottrina, di lasciare in circolazione una sola biografia autorizzata, quella scritta da Bonaventura da Bagnoregio (al secolo Giovanni Fidanza, 1221-1274), teologo e filosofo, professore alla Sorbona, ministro generale dell'ordine, conosciuto come *Doctor Seraphicus* per la sua sapienza teologica. Un uomo insomma che aveva ogni competenza per scrivere ciò che andava scritto. Il suo testo diverrà noto come *Legenda maior*, dove il primo termine va inteso nel senso proprio: libro che deve essere letto.

Oltre a queste competenze Bonaventura aveva però anche una precisa visione dell'uomo e questa voleva affermare per ovviare alla notevole confusione dei tanti racconti che circolavano sulla vita del santo comprese le due diverse «biografie» di Tommaso da Celano. Il capitolo di Parigi ordinò pertanto la distruzione di tutte le altre «Legende» in circolazione; molti testi che s'allontanavano dalla linea ufficiale vennero sequestrati e dati alle fiamme. Con un'abilissima operazione di esclusione e di montaggio, la vita di Francesco, misera e gloriosa, venne depurata degli aspetti più drammatici e nello stesso tempo collocata ad un'altezza non lontana da quella del Cristo.

Francesco fu certamente un uomo «buono» nella più ampia espressione del termine e tale dovette apparire a chi lo avvicinava. La sua presenza doveva risultare fraterna e rassicurante, la sua espressione dolce e intensa, più volte qualcuno l'aveva già additato come *Alter Christus*.

Ma questa sua bontà andò di pari passo con una visione implacabile di ciò che dovesse essere il cammino verso la santità, quali strazi e rinunce poteva comportare. Nella sua visione lasciò prevalere gli ultimi momenti della vita di Gesù, la sua Passione: la frusta, le spine, i chiodi, il sangue. Anche per lui gli ultimi anni furono la replica – voluta, cercata – di quella Passione: malati il fegato, la milza, lo stomaco, piaghe diffuse, una spaventosa magrezza, un'infezione intestinale contratta bevendo acqua infetta in Egitto, quasi cieco per un tracoma contratto in Oriente. La sofferenza non lo abbandonava mai, né di giorno né di notte.

C'è poi la controversa leggenda delle stigmate sulla quale non mi soffermo date le complesse implicazioni teologiche che si riflettono nelle diverse versioni.[6]

Bonaventura con la sua *Legenda maior* suggella l'esistenza di Francesco collocandone la figura a una tale altezza da renderla irraggiungibile; nessuno poteva più sentirsi in colpa se non riusciva ad uguagliare i suoi sacrifici. Ha scritto Alessandro Barbero: «Si trattava di dimostrare che la forza dell'ordine, le centinaia di conventi, le migliaia di frati, l'influenza ideologica e politica dei suoi dirigenti, il perfetto inserimento negli equilibri di potere della Chiesa, non erano in contrasto con la povertà in cui era voluto vivere l'inimitabile Francesco».[7] Per far accogliere il suo movimento dalla Chiesa l'uomo aveva dovuto accettare seri compromessi, la sua memoria andava spogliata da ogni eccessiva ragione di contrasto e di dramma. Chiara Frugoni ritiene che fu Bonaventura a imporre questo nuovo Francesco con il rischio di farne la figura dolce e un po' stucchevole che oggi siamo abituati a conoscere.

Negli ultimi tormentosi anni della sua breve vita, Francesco era consapevole che il movimento si stava allontanando dalla fede ardente con cui l'aveva costruito, dalla ricerca di semplicità e di pace messa a fondamento del suo «vangelo». Il suo dolore sarebbe stato ancora più acerbo se avesse potuto prevedere che proprio i suoi francescani, insieme ai domenicani, sarebbero diventati i più severi giudici nei tribunali dell'Inquisizione.

Nel settembre 1220, in occasione di un capitolo generale alla Porziuncola alla presenza del cardinale Ugolino, si disse troppo malato per mantenere le sue funzioni di guida, ne affidò la responsabilità all'amico Pietro Cattani. In un manoscritto latino di malcerta origine, noto come *Compilatio assisiensis* «Compilazione di Assisi» o anche «Leggenda antica di san Francesco», si racconta che quella decisione venne presa non tanto a causa dei suoi mali ma perché «una volta i frati osservavano con impegno la santa povertà [...] ma da qualche tempo purezza e perfezione hanno cominciato a corrompersi anche se i frati dicono, a loro scusante, di non poter più osservare quell'ideale a causa della loro moltitudine». Francesco sapeva di avere perduto l'autorità del fondatore; vi aveva contribuito anche la sua salute, che peggiorava di continuo.

I suoi ultimi giorni sono particolarmente commoventi. Era un uomo relativamente giovane anche per i canoni dell'epoca (44 anni), ma il male non gli dava tregua e il suo sfinimento era aggravato da una pena spirituale forse più crudele delle sofferenze corporali. Tentò inoltre di curarsi il tracoma con un ferro arroventato col solo risultato di ustionarsi parte del viso, ovviamente senza alcun giovamento per la vista. Nella notte tra il 3 e il 4 ottobre 1226, sdraiato sulla nuda terra, cessò di vivere, entrando nella leggenda.

L'immagine dolciastra oggi prevalente non rende giustizia alla drammatica potenza del suo messaggio. Se ne trova un'eco nella comunità francescana di Assisi, nelle sue iniziative di accoglienza pacifica e di incontro tra diversi.

Nel giugno 1939 (decennale dei Patti Lateranensi) papa Pio XII ha proclamato Francesco patrono d'Italia definendolo con un famoso gioco di parole in linea, casualmente o meno, con il regime del tempo: il più italiano dei santi il più santo degli italiani. Anche Benito Mussolini cercò di inglobare nel fascismo la figura di quel povero che era diventata molto popolare in un Paese altrettanto povero. Nel suo *Messaggio francescano* scrisse il suo goffo elogio: «La nave che porta in Oriente il banditore dell'immortale dottrina, accoglie sulla prora infallibile il destino della stirpe, che ritorna sulla strada dei padri. E i seguaci del santo che, dopo di lui, mossero verso Levante, furono insieme missionari di Cristo e missionari di italianità».[8]

Cattolici e non cattolici possono convenire su un altro lascito di Francesco, il suo spirito poetico che risplende nel *Cantico (o Lode) delle Creature*, uno dei grandi testi della nascente letteratura italiana, innovativo rispetto alla prevalente visione penitenziale della vita, profetico per quella che oggi si chiama «ecologia». Con animo gioioso canta il mondo, gli animali, gli elementi naturali come l'acqua, il vento, il sole, la stessa morte, considerandoli dono divino; la sua religiosità si trasforma qui in un armonioso insieme naturale.

Laudato sie, mi' Signore, cum tucte le tue creature,
spetialmente messor lo frate sole,
lo qual è iorno et allumini noi per lui.
[...]
Laudato si', mi' Signore, per sora luna e le stelle,
in celu l'ài formate clarite et pretiose et belle.
Laudato si' mi' Signore, per frate vento
et per aere et nubilo et sereno et onne tempo,
[...]
Laudato si', mi' Signore, per sor' aqua,
la quale è multo utile et humile et pretiosa et casta.

Laudato si', mi' Signore, per frate focu,
per lo quale ennallumini la nocte,
[...]
Laudato si', mi' Signore, per sora nostra matre terra,
la quale ne sustenta et governa,
et produce diversi fructi con coloriti flori et herba.
Laudato si', mi' Signore, per quelli ke perdonano
per lo tuo amore,
et sostengo infirmitate et tribulatione.
[...]

Laudato si', mi' Signore per sora nostra morte
corporale,
da la quale nullu homo vivente pò skappare.

Chi ha familiarità con la vita di Francesco avrà notato
che queste brevi note omettono numerosi episodi
della sua vita. Non si parla di Chiara, figura importan-
tissima, non si accenna alle più famose leggende, dalla
predica agli uccelli al lupo ammansito, non si accenna
alla creazione del «presepio» con l'inclusione di due
animali, il bue e l'asino, di cui non c'è traccia nelle
Scritture. Inoltre si accenna appena alle difficoltà per
far accettare la Regola e il nuovo ordine da un papato
a lungo sospettoso verso un richiamo al Vangelo di
tale radicalità.

Massimo Cacciari in un suo recente libro breve e
denso,[9] traccia un itinerario di Francesco che arriva al
divino partendo dalla più derelitta condizione umana.
In queste pagine si è tentata un'operazione diversa:
iscrivere per intero Francesco in una dimensione terrena per saggiarne tutta l'eroica intensità. Il saggio di
Cacciari è dedicato all'interpretazione che di lui
hanno dato Giotto e Dante. Negli affreschi della basilica superiore di Assisi (e nella cappella Bardi in Santa
Croce, Firenze), Giotto legge Francesco alla luce
della *Legenda maior* di Bonaventura. La sua vita appare in certo modo edulcorata mancando, per esempio, il drammatico incontro con i lebbrosi, o la morte
che lui volle sulla nuda terra. Giotto sembra insomma
adeguarsi all'interpretazione «corretta» chiesta dalla
Chiesa. Quello di Dante, al contrario, non è solo un

atto d'omaggio, i suoi versi riflettono la visione di un uomo che sottopone al papa la sua Regola ma senza prostrarsi, facendone, potremmo dire, un ghibellino, o meglio ancora, un autentico *Alter Christus*. Dante scrive (Paradiso, canto XI, v. 50) che ad Assisi «nacque al mondo un sole» e che Madama Povertà, perso Gesù che era stato il suo primo marito, ha dovuto aspettare undici secoli prima di trovarne, in Francesco, un secondo.

In questo nostro libro il racconto è concentrato sull'eccezionalità «civile» del protagonista poiché Francesco appartiene al numero di quei grandi spiriti, come Michelangelo o Giordano Bruno, come Dante o Galileo, che hanno lottato con ogni forza per affermare una propria visione del mondo. Alcuni hanno sacrificato la vita per il loro ideale, tutti l'hanno praticata al limite delle proprie possibilità.

Uomini di questa tempra sono minoranza ovunque, anche in Italia, ovviamente. Una diffusa nomea indica gli italiani come popolo accomodante anche quando non dovrebbe esserlo, incline più al compromesso che al gesto di coraggiosa rottura, pronto più a dimenticare la parola data che a rispettarla, che abita un territorio dove, non a caso, non è mai stata fatta, come abbiamo già visto, una rivoluzione. Sommosse, ribellioni, tumulti sì, rivoluzioni mai. Questo è il suo «carattere» e così è andata la sua storia. Gli «spiriti magni» tuttavia non sono mancati; sono tutti coloro che, come Francesco, hanno svolto fino in fondo il loro compito senza tremare: i magistrati morti per cercare di affermare la giustizia, i sacerdoti coraggiosi che si sono sacrificati per contrastare la criminalità, gli avvocati che non hanno ceduto ai ricatti della malavita, i politici che hanno rifiutato le vergogne del potere, i volontari della libertà che hanno sfidato la tortura per riaffermare la dignità nazionale. Piccola schiera, nobile minoranza, fratelli di Francesco.

# La buona duchessa

È quasi incredibile che una città con meno di 200 mila abitanti e un territorio di 260 chilometri quadrati trovi, concentrata al suo interno, una tale quantità di beni e di talenti. A Parma si vede meglio che altrove quel particolare destino di tante città, e in definitiva dell'intera Penisola, di aver vissuto esperienze e fasi storiche così numerose e diverse da averle poi ereditate a volte come un peso intollerabile, altre come un'occasione irripetibile.

A Parma ha prevalso questa seconda possibilità. Il passato, i suoi lasciti, le implicazioni sul presente, sono forse più visibili che altrove, si potrebbe dire, senza troppo esagerare, che si respirano nella bellezza delle strade, delle piazze, del suo teatro, ma anche nella bontà dei cibi. Il delicatissimo prosciutto, lo squisito parmigiano, re mondiale dei formaggi. *Duchessa di Parma* si chiama uno dei piatti della prelibata cucina locale: fesa di tacchino ripiena per l'appunto di prosciutto e parmigiano. Oppure, altro piatto succulento prediletto da Stendhal, gli anolini, involtini di pasta fatta a mano ripieni di pane, uova e parmigiano, imperdibili per chiunque ami la buona cucina. Quanto ai talenti basta pensare ai nomi del Correggio o del Parmigianino o ai grandi della musica da Verdi a Toscanini o, per venire ai nostri giorni, al poeta Attilio Bertolucci e a suo figlio Bernardo.

E dire che tutto era cominciato per un puro calcolo politico e militare intorno alla metà del XVI secolo quando papa Paolo III Farnese impone il suo figlio illegittimo Pier Luigi come duca, allo scopo di consolidare un territorio che facesse da cuscinetto tra i domini della Chiesa e il minaccioso potere spagnolo in Lombardia.

Strana storia questa dei Farnese che diventeranno proprietari di uno dei più bei palazzi rinascimentali di Roma, oggi sede dell'ambasciata di Francia. In origine erano solo, come ha scritto Gregorovius nei suoi *Pellegrinaggi in Italia*: «Una piccola dinastia di rapaci feudatari in Etruria», vale a dire nell'Alto Lazio. Possiamo immaginare greggi, latte, formaggi, campi di magro raccolto, una loro dimora patrizia circondata da miseri abituri, bambini stenti, vite usurate da un lavoro senza mercede. Fu Giulia Farnese, come vedremo tra poco, una delle maggiori protagoniste del cambiamento. Fanciulla bellissima, contribuì a innalzare le sorti della famiglia facendola entrare in una storia di cui doveva far parte, per strano che sembri, anche quella di Parma. Queste oscure vicende italiane dove si mescolano libidine amorosa, denari, potere, intrighi, figli illegittimi e predilezioni personali, appassioneranno scrittori e artisti in quel secolo XIX in cui gli slanci del primo Romanticismo tendono a stemperarsi in atmosfere melodrammatiche intrise di congiure, veleni, tradimenti.

Pier Luigi Farnese era un figlio illegittimo. Suo padre l'aveva avuto, quand'era ancora cardinale, da Silvia Ruffini, gentildonna romana, che del resto al futuro papa avrebbe dato altri tre figli. I nobili piacentini e parmigiani usavano chiamarlo con spregio «il bastardo del papa», il che non lo aiutava certo nella sua azione di governo peggiorandone inoltre il temperamento ferrigno che Tiziano ha poi saputo rendere da par suo nel celebre ritratto. Infatti finì male, come ci racconta l'accuratissima cronaca di Lorenzo Molossi a proposito del quale entra per la prima volta in questa storia il nome di Maria Luigia duchessa di Parma, Piacenza e Guastalla nonché ex imperatrice dei francesi. Dovremo parlare della sua vicenda così appassionante e patetica, per ora accontentiamoci di sapere che fu Maria Luigia, nel 1832, a incaricare il Molossi, economista e geografo, di redigere un «vocabolario», in realtà una storia di quei luoghi, con le vicende di quei territori. La fine miseranda di Pier Luigi il Molossi la racconta così:

Nel fatal giorno 10 settembre 1547, trovandosi Pierluigi nella vecchia cittadella di Piacenza, furono presi i posti, trattenute le poche guardie tedesche, ed alcune uccise dai congiurati. Il conte Anguissola entrò risoluto nella stanza ov'era il duca, a cui tante pugnalate si calarono sinché die' segno di vita. Aperta la finestra che più riguarda verso la piazza egli, l'Anguissola, ed il Landi mostrarono il cadavere al popolo gridando «Libertà» e «Impero», e quindi lo piombarono giù nella fossa. Questa tragedia compiuta, furono introdotti in città i soldati imperiali che stavano in aspetto nelle vicinanze, e il giorno di poi D. Ferrante Gonzaga venne a prenderne possesso per Cesare.

Ecco dunque un assassinio politico seguito da defenestrazione. La congiura era stata organizzata da don Ferrante Gonzaga governatore di Milano che usava modi spicci per togliere di mezzo chi gli dava noia. In quel caso era soprattutto l'imperatore Carlo V ad essere infastidito da Pier Luigi. Da fedele suddito imperiale don Ferrante Gonzaga non aveva esitato ad arruolare l'Anguissola e, per suo tramite, altri nobili della città affinché eseguissero l'assassinio. A Piacenza, nei musei civici di palazzo Farnese, un dipinto ottocentesco di Lorenzo Toncini ritrae il momento in cui i pugnali hanno appena trafitto il duca che infatti è già rovinato a terra; luci, colori, atteggiamenti, ricordano da vicino il fondale di uno di quei melodrammi nei quali Giuseppe Verdi dispiegherà il suo genio.

Nonostante questo, per ben due secoli (fino al 1731) i Farnese eserciteranno il loro dominio sul territorio. A loro modo, per quanto i tempi suggerivano e consentivano, governarono abbastanza bene: riorganizzazione dello Stato, fondazione di un'università, nuova struttura nell'amministrazione della giustizia. Seguirono alterne vicende che segnarono la storia del ducato sospingendolo ora verso la reazione più conservatrice, ora verso posizioni di fervente illuminismo con espulsione dei gesuiti, confisca delle proprietà della Chiesa, soppressione dei tribunali ecclesiastici.

Ma il periodo che doveva segnare la storia e in parte lo stesso destino della città è negli oltre trent'anni di regno di quella giovane donna il cui nome è balenato poche righe più sopra e che la storia aveva nello stesso tempo privilegiato e offeso. Era nata primogenita di Francesco I, futuro imperatore d'Austria, nel 1791 (l'anno in cui Mozart moriva). Le avevano imposto i nomi di Marie Louise, Leopoldina Francisca Theresa Josepha Lucia von Habsburg-Lothringen: genitori e nonni tutti rappresentati. A diciott'anni, *virgo intacta*, era stata promessa in moglie al quarantenne Napoleone a suggello della pace tra i due Paesi dopo la sconfitta austriaca a Wagram (1809). A Parigi era andata malvolentieri. In tutte le corti d'Europa il còrso Napoleone, un *parvenu* asceso al trono con un colpo di Stato, era giudicato un orco, un uomo violento di stirpe rustica nato in un'isola considerata semiselvatica. Per due volte l'uomo che aveva usurpato un trono imperiale era entrato in armi a Vienna (nel 1805 e nel 1809) costringendo l'intera corte a cercare riparo fino in Ungheria. Per di più Marie Louise non poteva dimenticare che meno di vent'anni prima quello stesso popolo aveva mandato alla ghigliottina la sua prozia Maria Antonietta, ribattezzata dal popolaccio «la cagna austriaca». Andrà tuttavia a Parigi e a Napoleone darà quel figlio maschio che la prima moglie Joséphine de Beauharnais non era riuscita a concepire.

A 25 anni prese possesso del granducato di Parma,

Piacenza e Guastalla. A quale prezzo ci fosse arrivata, a capo di quali drammatiche vicende è una delle storie non solo politiche ma personali più appassionanti di quel secolo. Tali e tanti furono gli eventi che si susseguirono, e con tale velocità, da sembrare per più d'un aspetto non veri.

Maria Luisa, o Luigia come sarebbe stata ribattezzata in Italia, entrò in città in una giornata di mezzo aprile, il 18, del 1816. Per i suoi 25 anni si può dire che avesse già vissuto molto. Poiché era partita da Vienna il 7 marzo si può anche dire che era stato un viaggio a piccola andatura pur considerando i mezzi di trasporto dell'epoca. Da Parma la giovane donna s'aspettava il peggio, una città di provincia dove (scrisse a suo padre imperatore d'Austria): «Mi dicono che non vi sono risorse né società, non vi sono donne colte e poche ve ne sono di valore».[1] Duro giudizio che confermerà qualche tempo dopo, per esperienza personale: «La società di qui supera qualunque idea di noia ci si voglia fare. Dalle donne non si riesce a cavare una parola sensata».[2]

L'arciduchessa non era certo un'intellettuale e la sua cultura era sempre stata approssimativa. Però era vissuta in due corti imperiali dove tutti, per prime le sue dame di compagnia, eccellevano in quella conversazione brillante, carezzevole, punteggiata qua e là di qualche insinuante maldicenza, di qualche gustoso dettaglio piccante, insomma tutto ciò che segna l'atmosfera di una corte dove chi non conosce l'arte di stare al mondo viene prontamente messo da parte e chi resta sa vivere solo di quello. Le oziose e astute damine trascorrevano parte del tempo a chiacchierare di questo e di quello, a raccontarsi (se le circostanze consentivano) prodezze e gusti, preferenze e prerogative dell'uno e dell'altro, il tutto accompagnato da piccole risate complici, maliziose reticenze, graziose mossette, sorrisi pieni d'allusioni subito celati dietro un ventaglio.

A Parma tutto questo evidentemente mancava anche se Maria Luigia pareva crucciarsene solo a tratti. In un'altra lettera a suo padre scriveva infatti: «Il mio unico desiderio è di poter trascorrere qui la mia esistenza nella più gran tranquillità».[3]

Il suo matrimonio con Napoleone era stato molto agitato, né poteva essere diversamente se si considera quali tempeste e quali folgori si abbatterono sul capo di quell'uomo indomabile negli anni tra il 1810 e il 1815.

L'imperatore probabilmente aveva amato, a suo modo, l'intimorita fanciulla che gli aveva dato il figlio tanto desiderato, un maschio, il re di Roma, l'Aiglon (l'Aquilotto), il fanciullo che nei suoi sogni un giorno sarebbe stato incoronato come Napoleone II. Nozze peraltro da molti contestate, e per papa Pio VII addirittura nulle, cioè mai avvenute. Da questo punto di vista Napoleone s'era trovato nella stessa situazione del sovrano Enrico VIII. Nemmeno l'inglese era riuscito ad avere dalla moglie Caterina d'Aragona il figlio maschio di cui aveva bisogno per la prosecuzione della dinastia. Più anziana di lui di sei anni, la spagnola aveva avuto numerose gravidanze tutte però abortite salvo quella che aveva portato alla nascita di una femmina che sarà regina meritandosi l'appellativo di Maria la Sanguinaria (*Bloody Mary*).

Enrico aveva risolto il problema tagliando netto. Quando papa Clemente VII gli aveva negato il divorzio da Caterina, aveva semplicemente proclamato uno scisma fondando una sua Chiesa (*Anglicana Ecclesia*) con a capo il re d'Inghilterra cioè se stesso, e i suoi successori. Napoleone un gesto del genere non poteva permetterselo. Enrico sapeva, così facendo, di andare incontro al desiderio profondo del suo popolo favorevole a sciogliere il legame con la Chiesa di Roma, lontana, corrotta, in definitiva troppo «mediterranea». Per Napoleone era diverso perché diversi erano i sentimenti religiosi dei suoi sudditi. Già la scomunica lanciata sul suo capo da Pio VII lo aveva danneggiato, non bisogna dimenticare che l'incoronazione di un sovrano avveniva «per Grazia di Dio» e che di quel Dio il papa si proclamava rappresentante in Terra. Uno scisma sarebbe stato troppo. Si ricorse a uno stratagemma formale tante volte ripetuto nelle sentenze della Sacra Rota anche per personaggi meno illustri. Il tribunale ecclesiastico di Parigi dichiarò nullo il matrimonio di Napoleone con Giuseppina, modo spiccio per aggirare una formale sentenza di divorzio.

A Vienna però le cose non furono altrettanto semplici. Sigismund Anton von Hohenwart arcivescovo della capitale austriaca fece presente all'imperatore che non avrebbe potuto celebrare il matrimonio di sua figlia Marie Louise se non fosse stata dimostrata al di là di ogni dubbio la nullità del precedente matrimonio tra Napoleone e Giuseppina. Ci volle l'abilità del conte Metternich per ricondurlo alla ragion di Stato.

Ricordo questi precedenti non come coloritura biografica del personaggio ma perché l'episodio, di cui Marie Louise era stata non la protagonista ma l'oggetto, era destinato ad influire sulla sua vita fino all'arrivo a Parma.

In ogni modo la donna aveva adempiuto al suo principale dovere partorendo al Bonaparte un erede. Le nozze erano state celebrate, per procura, a Vienna il 27 marzo 1810. Il principe ereditario e re di Roma era nato a Parigi il 20 marzo 1811. Il bambino era venuto alla luce dopo un travaglio di dodici ore così penoso che alla fine la poverina era svenuta e il bambino era rimasto per alcuni minuti sul pavimento credendosi che fosse nato morto. Per puro scrupolo il medico lo aveva sollevato per frizionarlo rendendosi conto che il cuore batteva.

I dubbi sulla legittimità delle nozze comunque non furono mai interamente dissipati. Al Congresso di Vienna (1815), riunitosi per ristabilire gli equilibri tra le monarchie del continente una volta passato il turbine di Napoleone, i legittimisti mettevano ancora in dubbio che Marie Louise potesse davvero considerarsi moglie dell'ex imperatore e non invece la sua concubina, madre, pertanto, di un bastardo.

Per qualunque madre una situazione del genere sarebbe stata causa di profondo dolore. Lo fu certo anche per Maria Luigia, solo in parte però a causa delle circostanze che segnarono la sua vita tra il 29 marzo 1814, giorno in cui lei, che era stata nominata reggente, dovette abbandonare Parigi, al finale tracollo dopo Waterloo, il 18 giugno 1815.

Che cosa fu la fuga da Parigi – precipitosa e umiliante come tutte le fughe di un regime che muore – sotto l'incalzare degli ulani austriaci e dei cosacchi dello zar Alessandro, lo racconta con grande vivacità cronistica Chateaubriand:

La reggenza si era ritirata a Blois. Bonaparte aveva ordinato che l'imperatrice e il re di Roma lasciassero Parigi, preferendo, sosteneva, vederli in fondo alla Senna che riportati a Vienna in trionfo; nello stesso tempo aveva ingiunto a [suo fratello] Giuseppe di rimanere nella capitale. La ritirata del fratello lo fece infuriare, accusò l'ex re di Spagna di aver mandato tutto in rovina. I ministri, i membri della reggenza, i fratelli di Napoleone, sua moglie e suo figlio, arrivarono a Blois alla rinfusa, travolti dalla disfatta: c'era di tutto, furgoni, bagagli, vetture; c'erano perfino le carrozze del re che furono trascinate a Chambord attraverso i fanghi della Beauce [...] alcuni ministri passarono oltre e andarono a nascondersi fino in Bretagna.[4]

Come reagì Marie Louise al trauma di quei terribili avvenimenti? C'è chi sostiene che il suo rapporto affettivo, sensuale e d'interesse con Napoleone, mai interamente risolto, in quei giorni si spezzò in maniera definitiva. Il 30 marzo 1814 Parigi capitolò. Il giorno successivo gli alleati sfilarono vincitori per la città.

Alla testa dei cosacchi c'era lo zar Alessandro in persona, anche Federico Guglielmo IV di Prussia caracollava seguito dal suo contingente. Mancava invece Francesco I d'Austria rappresentato dal feldmaresciallo Schwarzenberg, gesto di delicatezza dell'imperatore verso sua figlia e suo nipote fuggiaschi, forse perfino verso suo genero sconfitto.

Il Bonaparte, esule all'isola d'Elba, scrive più volte alla moglie prima pregandola poi ordinandole di raggiungerlo. C'era stato un precedente significativo che induceva l'ex imperatore a sperare. Quando era partito (maggio 1812) per la campagna di Russia, Marie Louise l'aveva accompagnato fino a Dresda prima che lui prendesse la via di Mosca alla testa di 600 mila uomini, la più grande armata mai radunata. Annota Chateaubriand:

> Quando Bonaparte attraversava il palazzo di Dresda per recarsi a un ricevimento di gala, camminava davanti a tutti con il cappello in testa, lo seguiva Francesco II col cappello in mano che accompagnava la figlia, l'imperatrice Marie Louise; veniva dietro confusa nei suoi ranghi la moltitudine dei principi in rispettoso silenzio.[5]

Bozzetto magistralmente schizzato della situazione di corte nonché delle differenze gerarchiche tra genero e suocero. Ora però quei tempi sono finiti. La campagna di Russia dove ha perso 400 mila uomini, i due terzi dell'armata, ha segnato la fine di Napoleone, Waterloo ne sarà solo la tragica conferma. Quei tempi sono finiti e la situazione è radicalmente cambiata. Esule all'Elba Napoleone chiede alla moglie di raggiungerlo ma lei si sottrae, risponde che preferisce andare a Vienna a curare gli interessi del loro figlio e del suo personale futuro. Commenta Chateaubriand:

Marie Louise si affrettò a raggiungere il padre: scarsamente affezionata a Bonaparte, trovò il modo di consolarsi e si rallegrò di essersi liberata della duplice tirannide dello sposo e del padrone.[6]

«Trovò il modo di consolarsi», annota con malizia il grande cronista e scrittore. Una «consolazione» che in effetti l'avrebbe accompagnata e sorretta fino a Parma. Marie Louise si consulta spesso sulle decisioni da prendere con il generale Neipperg che suo padre le ha messo accanto come consigliere. Il conte Adam Albert von Neipperg, brillante ufficiale degli ussari, aveva perso l'occhio destro in battaglia, distinguendosi sia in combattimento sia come diplomatico presso la corte svedese a Stoccolma, poi presso il re di Napoli Gioacchino Murat che aveva (temporaneamente) convinto ad abbandonare Napoleone. Sposato e padre di quattro figli ma rimasto vedovo, sulla quarantina, una vistosa benda nera che copriva con ostentata fierezza la cavità oculare, questo era l'uomo che doveva guidare l'inesperta Marie Louise. Assolse con molta bravura il suo compito accompagnando la reggente spodestata prima ad Aix-les-Bains, poi nel viaggio di ritorno verso Vienna. In Svizzera, durante un'escursione sulla Rigi, chiamata dai locali Königin der Berge, regina delle montagne, la coppia venne sorpresa da una forte pioggia. Trovarono rifugio in una locanda dal nome promettente, *Zur goldenen Sonne*, Al sole d'oro. Bagnati fradici, si asciugarono davanti a un robusto fuoco bevendo dell'ottimo vino per riscaldarsi. Era intanto scesa la notte – quella tra il 25 e il 26 settembre 1814. Accadde ciò che da tempo maturava e che avrebbe cambiato la vita di Marie Louise.

Ecco le ragioni per le quali i dubbi che aleggiavano sulla legittimità del suo matrimonio non addolorarono l'arciduchessa al di là di un certo limite. Se, come sostenevano i legittimisti, le nozze non erano mai davvero avvenute per nullità *ab origine* dell'atto, diventando amante del generale Neipperg lei non commetteva adulterio, era solo una donna libera che iniziava una relazione con l'uomo che sentiva di amare. A Vienna, durante il Congresso, il nunzio pontificio (ambasciatore) Antonio Gabriele Severoli diffonderà un memorandum nel quale ancora una volta si ricordava che il matrimonio tra Marie Louise e Napoleone non era mai stato valido dal punto di vista canonico poiché il papa non aveva convalidato la nullità della precedente unione con Giuseppina. Per un altro aspetto, alcuni informatori avevano riferito che nella sua residenza elbana, l'ex imperatore aveva ricevuto la vecchia fiamma Maria Walewska scesa fin lì ad alleviarne l'esilio. Due motivi più che sufficienti per non sentirsi troppo in colpa d'aver ceduto alle premure del suo baldanzoso generale.

È questa la donna che il 18 aprile 1816 entra in Parma avendo alle spalle il drammatico tumulto degli ultimi avvenimenti e davanti alcune incerte speranze di maggiore tranquillità.

Aveva dovuto lasciare suo figlio a Vienna; le potenze vincitrici, dopo la brutta sorpresa dell'Elba, avevano spedito il padre su uno scoglio sperduto in mezzo all'Oceano e non volevano che il bambino, insediato a Parma, potesse diventare un richiamo per eventuali nostalgie bonapartiste. Meglio tenerlo a Vienna dove sarebbe stato educato come un arciduca austriaco e che dimenticasse padre e madre e perfino il nome: non più Napoleone ma Francesco come il nonno, anzi Franz. Per qualche tempo Maria Luigia sperò, per la verità senza molta convinzione, che quel ragazzo potesse un giorno succedergli. Presto dovette però rinunciare al progetto e accontentarsi di ciò che la sua nuova esistenza le dava, che non era poco. Neipperg governava di fatto il ducato tenendosi in stretto contatto con Vienna ma lasciando comunque che Maria Luigia figurasse titolare del potere concessole. Fu del resto sovrana illuminata anche perché Neipperg aveva posizioni molto più liberali di quelle prevalenti nella capitale austriaca, le divergenze con Vienna furono anzi tali da creare non di rado contrasti seri. Quanto a Maria Luigia, appena arrivata in città dovette combattere un'epidemia di tifo. Seppe affrontare le circostanze, esponendosi anche di persona; si ebbero quasi 500 morti ma in pochi mesi l'epidemia venne debellata. Un altro suo impegno fu in favore delle donne; lei che aveva sofferto atrocemente durante il parto, volle inaugurare una nuova clinica di ostetricia e ginecologia. Dimostrò anche una certa fantasia, non consueta in una normale attività di governo, quando venne inaugurato il nuovo ponte sul Taro (1819). Nell'occasione vennero sorteggiate 25 «ragazze da marito» alle quali fu assegnata una dote di 250 lire ciascuna. Pochi giorni dopo scriveva alla sua istitutrice e confidente Vittoria Colloredo: «La festa è stata superba, pel tempo e pel numero di spettatori, e sebbene ancora io non goda di [troppa] salute, ne ho gioito perché quel ponte e l'altro sul Trebbia e qualche istituzione di beneficenza, sono i soli monumenti che voglio lasciare dopo di me, lasciando quelli del lusso ai miei successori».[7]

Maria Luigia veniva da una città come Vienna che era allora la capitale della musica; anche a Parma dedicò alla musica molta attenzione e buone iniziative. La «buona duchessa» fece riadattare il magnifico Teatro Farnese e costruire *ex novo* un teatro Ducale, oggi Regio. Venne inaugurato nel maggio 1829 con la *Zaira* di Bellini, composta per l'occasione. Poche settimane dopo andava in scena *Mosè e Faraone* del «celeberrimo maestro Gioachino Rossini» (assicurava una locandina). Un avvio promettente. Si deve a lei anche il conservatorio di musica. Vi avrebbe studiato tra gli altri Arturo Toscanini diplomandosi in violoncello nel 1885. Già l'anno dopo, a 19 anni, avrebbe preso in mano la bacchetta del direttore senza più lasciarla. A Giuseppe Verdi, nato a Roncole di Busseto nella bassa parmense (1813), Maria Luigia fece avere una borsa di studio. Il maestro le dedicò *I Lombardi alla prima crociata* che contiene il coro *O Signor, che dal tetto natìo*, con il quale il maestro riecheggia, anche se con minore felicità melodica ed emotiva, l'altro e più celebre coro: *Va, pensiero* contenuto nel precedente *Nabucco*.

Apro qui un altro inciso breve e doveroso. L'opera *Nabucodonosor* andò in scena (con trionfale successo) nel marzo 1842 alla Scala di Milano su libretto di Temistocle Solera. Solo due anni dopo muterà in *Nabucco* il suo titolo. Vi si narra degli ebrei prigionieri ed esuli a Babilonia che in quel coro, giustamente celebre, vanno col pensiero ai clivi e ai colli «ove olezzano tepide e molli l'aure dolci del suolo natal». Nella Milano che di lì a poco darà vita alle cinque giornate insurrezionali del 1848 contro l'occupazione austriaca, quel coro evocava in modo struggente non la remota Babilonia bensì la condizione attuale della Lombardia, e dell'Italia. Infatti così avvenne. È quindi necessaria una totale ignoranza della storia della musica, e della storia tout court, per tentare di eleggere il coro del *Nabucco* a inno della cosiddetta Padania, una piccola patria inventata sulla base di interessi commerciali e di convenienze fiscali, non di rado sordide.

Tornando a Parma, queste iniziative mostrano in quale direzione la duchessa svolgesse la sua opera e anche di quali talenti il suo possedimento fosse ricco. Ma di quei suoi anni parmensi non si può trascurare l'importanza, in alcuni casi il peso, che ebbero gli aspetti privati della sua vita.

Il 1° maggio 1817, dunque a 26 anni, Maria Luigia diede alla luce una bambina; l'8 agosto 1819 nuovo parto, un figlio maschio questa volta. Albertina e Guglielmo, fatti entrambi conti di Montenuovo perché non si avessero dubbi sulla paternità (Neipperg, in tedesco Neuberg, Montenuovo in italiano). In quegli anni Napoleone era ancora in vita, infelice prigioniero a sant'Elena sotto l'occhiuta sorveglianza del suo spietato carceriere, sir Hudson Lowe. Nessuno sapeva più dire se il matrimonio di Maria Luigia con l'ex imperatore fosse valido, annullato, nullo dall'origine. Per prudenza i due fanciulli vennero affidati ad un medico, Giuseppe Rossi, che fece loro anche da istitutore. La madre, accompagnata dal suo generale, si recava di sera a visitarli. Intanto il primo suo figlio, l'Aiglon, cresceva a Vienna separato da lei. I suoi anni si consumarono così, tra un figlio che riusciva a vedere solo di rado recandosi a Vienna, e due figli che, benché vicini, le si impediva di mostrare.

Il 5 maggio 1821 Napoleone muore. Ha 51 anni. La sua vedova, che ha ormai raggiunto la trentina, scrive un assai realistico epicedio: «Egli era il padre di mio figlio; lungi dal maltrattarmi come in genere si crede, mi ha usato ogni riguardo: in fondo è la sola cosa che si possa chiedere ad un matrimonio politico».

Tre mesi dopo, 8 agosto 1821, Maria Luigia può finalmente sposare il padre degli altri suoi due figli. Matrimonio morganatico segreto, nel senso che né Adam né i due ragazzi avrebbero mai condiviso rango, *status* e beni della rispettiva moglie e madre.

Come finirono queste persone? Adam Neipperg morì per problemi cardiaci otto anni dopo le nozze, nel febbraio 1829. Maria Luigia lo pianse con sincero dolore; avrebbe anzi voluto portare il lutto ma un ordine arrivato da Vienna glielo impedì. Il suo primogenito, il mancato Napoleone II, morì di tisi ventenne, nel luglio 1832, a Schönbrunn, celibe e ufficialmente senza figli. La corte aveva tenuto a lungo Maria Luigia all'oscuro delle sue condizioni. Quando lo venne finalmente a sapere, raggiunse Vienna e fece in tempo a riabbracciare lo sventurato ragazzo prima che questi morisse invocando il suo nome. E lei stessa, Maria Luigia, quale fine ebbe? Precocemente invecchiata morì a 56 anni, nel 1847, di «pleurite reumatica» come si legge nel referto ufficiale. La salma, in vista del trasporto a Vienna, venne imbalsamata da quello stesso dottor Rossi che aveva fatto da tutore ai due figli adulterini. Il feldmaresciallo Radetzky comandante delle truppe austriache in Lombardia, tristemente noto, inviò uno squadrone di centocinquanta ussari come scorta d'onore. Ma forse, per ciò che riguarda Parma, il fatto più significativo è che alla notizia della morte una gran folla si radunò davanti al palazzo, addolorata o perplessa, in silenzio.

Che cosa ha a che vedere la corte di Maria Luigia e del suo Neipperg con la piccola corte del principe Ranuccio Ernesto IV? Pochissimo, forse addirittura niente. Non ci sono punti di contatto storici e nemmeno verosimiglianza politica con questo personaggio che irrompe d'improvviso nella nostra storia. Il principe Ranuccio regna su una città d'invenzione, che è Parma e non lo è, che semmai, storicamente, assomiglia di più a Modena ma che resta in ogni caso l'Italia di quegli anni e forse anche un po' dei nostri. Tirando in ballo Ranuccio Ernesto IV siamo passati dalla Parma della storia alla cittadina trasfigurata intorno alla quale Stendhal costruì il suo capolavoro: *La Certosa di Parma*. Come abbiamo visto all'inizio di questo viaggio, lo scrittore amava l'Italia proprio a causa dei suoi difetti ovvero della capacità riscontrata nella Penisola, al Sud come al Nord, di provare passioni così impetuose da arrivare facilmente al delitto o di poter diventare «disperati per amore». Nella prefazione al suo romanzo dettato di furia in soli cinquantadue giorni (novembre-dicembre 1838), Stendhal scrive:

> Gli italiani sono sinceri, buona gente e, se non sono intimiditi, dicono quello che pensano; raramente hanno della vanità: quando l'hanno essa acquista l'importanza d'una passione e prende il nome di puntiglio. Inoltre presso di loro la povertà non è ridicola.[8]

Parole bellissime, queste ultime dove separa un possibile stato d'indigenza da ogni sentimento d'inferiorità o di ridicolo. Poco più sotto aggiunge:

> Perché avrei attribuito loro [cioè agli italiani] l'alta moralità e le doti di carattere che hanno i francesi, i

quali amano sopra ogni altra cosa il denaro e commettono ben poche colpe per odio o per amore? Assai diversi sono gli italiani di questo racconto![9]

Se il principato è di fantasia, realistico è invece l'ambiente narrato dallo scrittore: una minuscola corte retta da equilibri delicati, dove s'intrecciano amori, sotterfugi, gelosie, ricatti. Fabrizio Del Dongo, giovane, bello, agitato da passioni incostanti, talvolta caricaturale negli atteggiamenti, si muove in quella corte (nonché sul campo di battaglia di Waterloo) con l'incoscienza tipica dell'eroe romantico, dunque con ingenuità, nello stesso tempo però consapevole della protezione che gli accorda sua zia, l'affascinante duchessa Sanseverina. La donna è amante *en titre* del potente primo ministro conte Mosca, in realtà ama suo nipote di un amore in pratica incestuoso. Un intreccio narrativo che Italo Calvino non ha esitato a definire «melodrammatico», infatti così è, e del resto l'opera lirica era stata una delle chiavi attraverso le quali Stendhal aveva scoperto, descritto, immaginato, amato l'Italia. Ma alla trasfigurazione romanzesca di un piccolo regno stretto nelle maglie della Restaurazione postnapoleonica, egli sovrappone nel romanzo le ombre fosche d'una cronaca rinascimentale, in questo caso la vita di Alessandro Farnese.

Le cose andarono in questo modo: a caccia di documenti che ricostruissero vicende italiane, Stendhal aveva scoperto a Roma uno scartafaccio sulla *Origine delle grandezze della famiglia Farnese*. Ne rimase colpito al punto da annotare a margine «Racconto pieno di verità e di spontaneità in dialetto romano. Roma 1834». In realtà la cronaca non era per niente veritiera, anzi era disseminata di imprecisioni storiche e di autentiche invenzioni: nomi alterati, date scorrette. In compenso era esattamente ciò di cui lo scrittore aveva bisogno per la sua fantasia. Annota infatti: «Con una o più sgualdrine la maggior parte delle famiglie nobili ha fatto fortuna. Una cosa impossibile a New York ma si sbadiglia fino a slogarsi le mascelle a New York. Ecco qui la famiglia Farnese che fa fortuna grazie ad una sgualdrina».

Stendhal allude a Giulia Farnese che s'era acconciata ad un matrimonio di copertura che le consentisse di diventare l'amante di un cardinale, anzi del cardinale più potente a Roma, Rodrigo Borgia, futuro papa col nome di Alessandro VI. Quando il cardinal Rodrigo vide per la prima volta Giulia, perse all'istante la testa. La fanciulla aveva 14 anni, lui 58, a un tal personaggio però non si poteva nemmeno pensare di resistere. Infatti Giulia non resistette anche perché sua madre la spinse fortemente a cedere. La fanciulla venne prima data in sposa ad un mediocre Orso Orsini che la togliesse ufficialmente di pulzellaggio. Una volta fatta donna venne offerta al cardinale. In capo a pochi mesi tutti a Roma sapevano, e i cronisti apertamente scrissero, che Giulia era diventata «la concubina del (futuro) papa». Salito al trono di Pietro, Rodrigo seppe compensare i favori della giovanissima amante facendo cardinale suo fratello Alessandro quando aveva appena 25 anni. Alessandro diventerà papa a sua volta col nome di Paolo III così saldando il cerchio tra la passione adulterina di sua sorella Giulia e la città di Parma.

Il fatto è che Stendhal amava le sgualdrine, in vita ne conobbe parecchie; confessò che l'ipocrisia delle «donne oneste» gli dava una specie di nausea. Sentiva forte l'«affinità elettiva» anche per un avventuriero come Alessandro che aveva consumato la giovinezza «tra le donne e il vino» e doveva aver combinato qualcosa di grosso se meritò d'essere rinchiuso nelle segrete di Castel sant'Angelo – pare che fosse diventato l'amante della matrigna. Da quell'orrida cella peraltro riuscì ad evadere calandosi con una lunga corda. È esattamente ciò che capita anche a Fabrizio Del Dongo che, in una Parma di fantasia, viene rinchiuso in una inesistente Torre Farnese, dalla quale riesce ad evadere con lo stesso metodo.

Stendhal, per il tramite di Fabrizio Del Dongo, trasferisce ai suoi anni le avventure di Alessandro svoltesi nel XVI secolo per dimostrare «una continuità italiana nell'energia vitale e nella spontaneità passionale cui non si stancò mai di credere» (Italo Calvino). La «Torre Farnese» a Parma non c'è mai stata ma creando nella sua immaginazione quel luogo aereo e incantato lo scrittore permette alla storia di procedere verso un'ulteriore avventura e anche al suo Fabrizio, e a noi che leggiamo, di avere una vertiginosa visione dell'intera Italia del Nord. Appena arrivato nella cella che gli è stata riservata, Fabrizio:

> Corse subito alla finestra, il panorama che si ammirava attraverso le inferriate era davvero splendido

[...] c'era la luna quella sera; si alzava maestosa all'orizzonte a destra, sopra le cime delle Alpi, verso Treviso. Erano le otto e mezzo, dall'altra parte, a occidente, un tramonto rosso arancio disegnava nitidamente i contorni del Monviso e delle montagne che salgono da Nizza verso il Moncenisio e Torino. [...] Rimase lì estasiato davanti a quello spettacolo sublime.[10]

Per avere nella realtà uno scenario del genere bisognerebbe salire in aereo a qualche centinaio di metri. Una visione fantastica dunque che però ci dà, proprio in quanto tale, la dimensione altrettanto fantastica nella quale vive Fabrizio.

L'altro luogo fantastico è proprio la Certosa che dà il titolo al romanzo e dove Fabrizio al termine delle sue innumerevoli avventure si ritira. Stendhal liquida la faccenda in due righe proprio alla fine del romanzo: «Dopo aver consegnato a chi di dovere le dimissioni dall'arcivescovado e da tutte le cariche [...] si ritirò nella Certosa di Parma a due leghe da Sacca, nei boschi vicino al Po».[11] Gli studiosi si sono dannati per cercare questo luogo identificandolo infine nella Certosa di Paradigna, attualmente la sede di un archivio dell'Università di Parma. Il luogo reale non ha molta importanza. La Certosa immaginata da Stendhal è inaccessibile, nascosta nei boschi vicino al Po, più un luogo dello spirito che un vero edificio nel quale si possa davvero vivere. Del resto in quella Certosa immaginaria non vivrà a lungo nemmeno Fabrizio Del Dongo che, pochi mesi dopo esservisi ritirato chiuderà la sua esistenza per dir così terrena. Non però la memoria della sua seducente presenza, che è giunta intatta fino a noi. Lui come creatura di fantasia, la duchessa come creatura della storia che a Parma ha contribuito a dare il suo volto così amabile.

# Milano bene e male

Bisogna saperlo che cos'era Milano quando venne liberata il 25 aprile del 1945, e la guerra finì. Basta una cifra: il 60 per cento delle case erano state distrutte o danneggiate dai bombardamenti: 1400 edifici, 250 mila locali da riparare, devastato o reso inagibile buona parte del sistema produttivo; lesionati i maggiori monumenti: il Castello, la Scala, Brera, l'Ospedale Maggiore, la Galleria, la Triennale. La città aveva pagato il prezzo della sua alta concentrazione industriale e aveva vissuto gli ultimi terribili mesi dell'occupazione nazi-fascista in condizioni tragiche: sparatorie e rastrellamenti improvvisi, perquisizioni e sequestri di beni da parte di agenti della milizia veri e finti, ogni giorno tre o quattro condanne a morte di partigiani, la fame.

Non è facile raccontare oggi che cosa furono quei mesi, quegli anni. Quando se ne tenta il racconto ai più giovani si ha la sensazione che sfugga con quale peso le circostanze gravassero ogni giorno sulla vita delle persone. Peso materiale fatto di disagi e di privazioni ma anche peso psicologico, l'incubo di uscire da casa al mattino senza essere certi di potervi fare ritorno la sera; che cosa volesse dire per una famiglia, per i bambini, che il pane, cattivo e razionato, venisse distribuito solo tre giorni alla settimana, che mancassero alimenti di prima necessità come latte, riso, burro, zucchero. Si trovavano talvolta alla borsa nera ma a prezzi spaventosi o a costo di doverli barattare con qualche oggettino prezioso rimasto in famiglia. La notizia che in un certo negozio o portone ci fosse qualcosa da comprare, famelico segreto, passava, sussurrata, di bocca in bocca. La luce elettrica era limitata a poche ore al giorno, per il resto candele, lanterne, il puzzo delle lampade ad acetilene che ogni tanto scoppiavano. Conservo netto il ricordo, non a Milano ma a Roma, di quando, bambino, poggiai la mano su certi tubi che attraversavano le pareti di casa e sentii che erano diventati caldi. Era il riscaldamento che con la fine della guerra ricominciava a funzionare. Niente più geloni, né i mezzi guanti di lana per scrivere i compiti. Anche Mozart aveva scritto le sue musiche con gli stessi guanti e una temperatura credo ancora più fredda. Ma questo lo seppi molti anni dopo e mi consolò fino a un certo punto.

A Milano fu peggio che a Roma. Non solo per il clima più rigido. Roma venne liberata il 4 giugno 1944, per Milano bisognò aspettare la primavera dell'anno dopo e l'inverno 1944-45 fu, da ogni punto di vista, il più crudele.

Eppure, in quella città affamata e semidistrutta la sera si aprivano i sipari e andavano in scena gli spettacoli, si faceva buio nei cinema e cominciava, nel fitto fumo di pessime sigarette, la proiezione dei film. La

Scala era stata bombardata ma l'opera andava in scena lo stesso, al teatro Lirico.

In una gelida giornata di febbraio del 1947, Paolo Grassi e Giorgio Strehler vanno a visitare certi locali in via Rovello, centro di Milano, piccola traversa di via Dante. Il palazzo ha precedenti illustri essendo appartenuto al conte di Carmagnola, grande capitano di ventura nel secolo XIV. All'inizio del Novecento era la sede d'una Filodrammatica messa su dagli impiegati comunali. Durante l'occupazione, i legionari della formazione autonoma «Muti» l'avevano requisita e trasformata in caserma e luogo di detenzione e tortura.

Racconta la leggenda che la porta chiusa a chiave, o solo sgangherata, non volesse aprirsi e che Paolo Grassi, che era nato a Milano ma aveva origini pugliesi, l'abbia vinta dandole un gran calcio. All'interno uno spettacolo spaventoso. I militi della «Muti», noti per la crudeltà delle loro rappresaglie, avevano lasciato a precipizio la loro sede; i camerini erano stati trasformati in celle, sulle pareti scritte, invocazioni, preghiere, tracce di sangue.

Paolo Grassi aveva 28 anni, Giorgio Strehler 26. Avevano entrambi pratica di teatro ma in quel momento nessuno dei due sapeva che stavano per dare vita a una tradizione. Grassi sarebbe diventato il prototipo italiano del grande operatore culturale; Strehler, in Italia, avrebbe riformato per sempre la regia teatrale. Insieme, i due avrebbero fondato il primo teatro pubblico moderno nella Penisola.

Ci voleva un coraggio da leoni per decidere quasi su due piedi di prendere quei locali spogli e sinistri per trasformarli in un teatro vero. Il palcoscenico era minuscolo, profondo sei metri, largo cinque, senza sfoghi laterali, un impianto luci ridicolo. Di «leoni» però ce ne furono parecchi in quegli anni, a Milano e in Italia. Un anno dopo la Liberazione, sabato 11 maggio 1946, la Scala, ricostruita a tempo di record, riapriva con Arturo Toscanini sul podio in un concerto inaugurale tutto di compositori italiani: Puccini, Arrigo Boito, Rossini, e Verdi naturalmente e di Verdi il *Te Deum* e il coro dal *Nabucco, Va, pensiero,* che dopo il Risorgimento tornava a muovere i cuori e a riaprire il futuro.

Quando Grassi dava il suo energico calcio a quella porta, altri «leoni» erano al lavoro in Parlamento, eletti il 2 giugno del 1946 in un'assemblea che in un anno e mezzo avrebbe partorito la Costituzione, vale a dire il miglior sistema di garanzie e di libertà civili che gli abitanti della Penisola avessero mai conosciuto nella loro travagliatissima storia. In uno dei suoi primi articoli, il 9, quella Carta dice: «La Repubblica promuove lo sviluppo della cultura e la ricerca scientifica e tecnica. Tutela il paesaggio e il patrimonio storico e artistico della Nazione».

Poche parole, secche, ma ci voleva un'illuminazione speciale per stilare nel 1947 un articolo nel quale dare un tale rilievo alla cultura e alla ricerca e dove si prevedeva, con un'Italia a pezzi e i treni che andavano a singhiozzo, la «tutela del paesaggio» legandolo per di più al «patrimonio storico e artistico». L'incomparabile paesaggio della Penisola, considerato come parte del patrimonio, un principio senza precedenti che tentava di evitare, con parecchi decenni d'anticipo sulle effettive possibilità di offesa, i guasti che purtroppo sarebbero ugualmente venuti.

Uno dei miracoli della «Ricostruzione» dopo le immani devastazioni della guerra, fu la consapevolezza che bisognava rifare da capo non solo le case e le strade, le fabbriche e gli edifici pubblici, l'illuminazione e le ferrovie; bisognava rifare i luoghi e i contenuti della cultura, rimettersi in paro con tutto ciò che la cecità del fascismo e la furia dell'occupazione avevano sottratto in termini di conoscenza, apertura, aggiornamento, confronto. Vennero riaperte l'Umanitaria, la Casa della Cultura, il centro Ambrosianeum, fondato il Museo della Scienza e della Tecnica. Angelo Rizzoli, cresciuto povero, ex tipografo poi editore, inventa una collana economica, la Bur (Biblioteca universale Rizzoli), una serie di volumetti grigi stampati in caratteri piccolissimi su povera carta. Un catalogo geniale, la letteratura di tutto il mondo per un prezzo alla portata di chiunque.

La nascita del Piccolo teatro di Milano partecipa di questo clima. Scrive Strehler: «Bisogna spazzare via il vecchiume del palcoscenico, mettere in scena testi che parlino del nostro tempo, sostituire la regia alla dittatura del grande attore. La riscoperta della democrazia rende ancora più urgente la liberazione del teatro».[1]

Grassi allargava il concetto, non solo un teatro di regia ma un teatro «come una necessità collettiva, un bisogno dei cittadini, un servizio pubblico alla stregua della metropolitana e dei vigili del fuoco».[2] Un teatro stabile in questa concezione non era solo un gruppo di attori fissi ma un organismo, una risorsa della città, messo in piedi non per guadagnare soldi ma per dare alla collettività ciò di cui c'era bisogno insieme alle necessità primarie della vita.

Due canoni venivano rovesciati in un colpo solo. Quello impresariale ottocentesco per cui il teatro era considerato alla stregua di una qualunque attività commerciale destinata a far guadagnare il produttore; quello artistico per cui gli allestimenti non erano più soggetti ai capricci dei primi attori ma rispondevano ad un criterio unitario di messa in scena. La regia, appunto.

Era famoso l'aneddoto del grande mattatore ottocentesco che arrivava in camerino poco prima di sera e chiedeva al direttore di scena: «Che si recita stasera?», «Amleto, commendatore», «Allora, portami il costume nero». L'aneddoto, forse ingeneroso, coglie però un clima, un vizio, un modo di far teatro rimasto inalterato fino ai primi decenni del XX secolo.

Comincia insomma a Milano, un teatro consapevole capace di offrire davvero uno specchio alla realtà, in grado di servire non gli umori ma la sensibilità del pubblico, la sua intelligenza. Scriveva ancora Strehler: «Il teatro è contemporaneo anche quando mette in scena i classici che sono le grandi stelle che guidano il nostro cammino nella storia e nella vita artistica».[3]

Ma c'è un altro aspetto altrettanto importante che

va sottolineato. Nella miseria di quegli anni, con la vita che riprendeva lentamente il suo respiro, la «Giunta municipale» di Milano trova l'energia, la concordia e i soldi per rimettere in sesto la piccola sala di via Rovello e permettere al teatro cittadino di cominciare a funzionare. La notizia esce sul «Corriere della Sera» il 26 gennaio 1947. La sala s'inaugurerà il 14 maggio, nemmeno quattro mesi, tutto in fretta, come per la Scala.

Grassi e Strehler avrebbero voluto aprire con un grande classico del teatro cinquecentesco, *La mandragola* di Niccolò Machiavelli. Il geniale inventore della scienza politica aveva scritto questo testo in cinque atti nel 1518. Impianto di tipo boccaccesco, la solita ardita beffa ai danni d'un marito credulone. Callimaco arde d'amore per Lucrezia che però è sposata con un dabbenuomo di nome Nicia. I due coniugi vorrebbero un figlio che non arriva. Callimaco, spacciandosi per medico appena arrivato da Parigi, dice di avere il rimedio: una pozione che renderà fertile la donna, ma ucciderà il primo uomo che si congiungerà con lei. Nicia è ovviamente perplesso, ma Callimaco offre subito una soluzione: suggerisce di prendere un «garzonaccio» qualunque, farlo accoppiare con la donna e mandarlo a spasso, cioè a morire. Nicia accetta con entusiasmo; Lucrezia sembra riluttante ma il suo confessore Fra' Timoteo, in combutta con Callimaco, ne vince le resistenze. È ovviamente lo stesso Callimaco a trasformarsi in quel giovanotto e a godere della bella

Lucrezia. Completato l'incontro le si rivela, confessandole tutto il suo amore.

Un intreccio tipicamente teatrale che infatti non solo ha continuato a divertire le platee fino a tutto l'Ottocento ma è poi passato pari pari alla commedia cinematografica. La figura del marito becco e della bella moglie insoddisfatta e disponibile è fonte di comicità dai tempi della commedia greca e se gli assiro-babilonesi avevano un teatro, cosa che ignoro, c'era sicuramente anche da loro un intreccio del genere. A Milano però *La mandragola* non si poté fare, la Chiesa si oppose ritenendola blasfema per via del ruolo di mezzano svolto da un sacerdote. Del resto ciò che Machiavelli pensava della religiosità italiana è scritto a chiare lettere nelle sue opere.

A quel punto si ripiegò sull'*Albergo dei poveri* di Maksim Gor'kij nel quale Strehler stesso recitava nel ruolo di Alioscia. Ripiego felice dal quale scaturirono due effetti positivi: lo spettacolo si rivelò memorabile; il testo di Gor'kij segnò una delle strade che il «Piccolo» avrebbe percorso, quella del teatro sociale dove le opere di Bertolt Brecht avrebbero rappresentato un'autentica scoperta. Credo di poter dire che gli allestimenti firmati da Strehler siano i migliori che il drammaturgo tedesco abbia avuto nel mondo.

Lego questo giudizio anche ad un episodio personale. Avevo poco più di vent'anni e passeggiavo per via Nazionale a Roma in un pomeriggio di domenica. Passando davanti al teatro Eliseo lessi la locandina: *Schweyk nella seconda guerra mondiale* di Brecht. Sapevo vagamente chi fosse Brecht ma ignoravo chi fosse

Strehler. M'incuriosì soprattutto il titolo. Comprai un biglietto di loggione. Credo che il mio amore per il teatro sia nato quel giorno. Non avevo idea che una mess'in scena potesse evocare con tale forza la sinistra idiozia di un regime, in quel caso il Terzo Reich nazista, e nello stesso tempo disegnare con tale ironica precisione la stupidità vincente di un uomo che sta più volte per essere messo al muro ma riesce sempre a farla franca proprio grazie alla sua dabbenaggine. Ho scoperto in seguito che la letteratura, e il cinema, sono pieni di tipi del genere: uomini che passano indenni attraverso il sibilare delle pallottole, vere o metaforiche, semplicemente perché non si rendono conto della situazione.

Lo spirito «laico» della mancata *Mandragola*, Strehler lo ritroverà nella stagione del 1962-63 non più in chiave boccaccesca ma di tragedia con l'allestimento di *Vita di Galileo*, sempre di Brecht e sempre con il gigantesco Tino Buazzelli nel ruolo del titolo, come per Schweyk. Per lo spettacolo s'era creata un'attesa frenetica e, ancora una volta, erano scoppiate polemiche soprattutto da parte cattolica. Strehler aveva curato ogni dettaglio: scene e costumi di Luciano Damiani, musiche di Hans Eisler, maschere di Donato Sartori. Nel dopoguerra italiano ci sono stati solo due registi capaci di suscitare una tale attesa sui loro allestimenti: Strehler per il teatro e Fellini per il cinema. La «Domenica del Corriere» alla vigilia della prima dedicò allo spettacolo una delle sue grandi pagine illustrate. Anche Paolo Grassi aiutò l'impresa. Nonostante fosse attentissimo ai conti, tenne il teatro chiuso per 43 giorni per non ostacolare le prove. Nessuno l'aveva mai fatto prima. E credo nemmeno dopo. Oggi poi sarebbe inconcepibile. Ne valse la pena. *Vita di Galileo* fa parte di quella decina di spettacoli visti nel corso di una vita, in Italia e fuori, di cui si può dire che hanno segnato un'epoca.

La tragedia di Galileo è centrata sull'abiura che il grande scienziato, quasi settantenne, fu costretto a fare davanti al tribunale dell'Inquisizione il 22 giugno 1633 per avere salva la vita. In ginocchio sulla nuda pietra, rivestito del saio del penitente, deve recitare la formula umiliante con la quale rinnega le sue scoperte scientifiche che qui in parte trascrivo in un italiano attualizzato:

> Da questo Santo Officio mi è stato intimato che dovessi abbandonare la falsa opinione che il Sole sia centro del mondo e che non si muova, e che la Terra non sia il centro del mondo e che si muova, e che non potessi tenere, difendere né insegnare in qualsivoglia modo, né in voce, né in iscritto la detta falsa dottrina; pertanto, volendo io levar dalla mente delle Eminenze Vostre e d'ogni fedel Cristiano questo veemente sospetto che giustamente grava su di me, con cuor sincero e fede non finta abiuro, maledico e detesto li suddetti errori ed eresie, e giuro che per l'avvenire non dirò mai più, né asserirò in voce o in iscritto cose tali per le quali si possa aver di me un simile sospetto.

In una parrocchia milanese si tenne una novena per pregare che lo spettacolo non andasse in scena. In realtà fu un successo di dimensioni europee. La tesi di Brecht era che Galileo accetta di abiurare, così tradendo la verità della scienza, per poter restare vivo e continuare i suoi esperimenti. Trentatré anni prima il filosofo Giordano Bruno, che aveva rifiutato l'abiura, era stato bruciato vivo in Campo de' Fiori a Roma. Galileo dunque come eroe della dissimulazione machiavellica; fino a un certo punto però. In un secondo momento lo scienziato sembra rendersi conto che non bisogna mai venire a patti con il potere per evitare che ingiustizia ed oppressione si mescolino alle ragioni disinteressate della scienza.

Brecht aveva riscritto più volte il finale del dramma. A Berlino, nell'agosto 1961, era stato costruito un «muro» che spaccherà in due la città (e, per estensione, il mondo) per quasi trent'anni, c'era la Guerra Fredda, il pericolo atomico sembrava incombente. Il drammaturgo cercò di intrecciare nel finale due grandi temi: il potere e la responsabilità degli scienziati ma anche la libertà della ricerca. Probabilmente fu un errore. Nella parte conclusiva i due temi confondono un po' le acque e il senso della rappresentazione finisce per appesantirsi. Anche a distanza di mezzo secolo, la scena conclusiva resta però netta nella memoria: Galileo è agli arresti domiciliari nella sua casa. Nonostante sia sorvegliato dall'Inquisizione, riesce a terminare uno dei suoi lavori importanti che gli varranno il titolo di padre della scienza moderna: *Discorsi e dimostrazioni matematiche intorno a due nuove scienze atti-*

*nenti la mecanica e i moti locali.* Affiderà il testo ad un
allievo che lo faccia stampare al di fuori dei domini
pontifici, in Olanda.

La sala di via Rovello è uno dei possibili esempi, ma
tra i più significativi, della vitalità di un Paese che alla
fine della guerra pareva morto e che invece fu capace
di rimettersi in piedi e di ricominciare a camminare,
anzi a correre. Più volte nel corso della storia gli italiani hanno dato un nome a questo fenomeno parlan-
do di Ri-nascimento nel XVI secolo, di Ri-sorgimento
nel XIX. Anche per gli anni dopo il 1945 si potrebbe
usare una definizione simile citando le fabbriche che
ripresero a funzionare e a produrre, il disegno industriale che impose nel mondo la linea italiana, la
moda, il cibo, le innovazioni tecnologiche e l'arreda-
mento. Mai in tempi a noi vicini Milano e l'Italia avevano conosciuto un tale fervore. Parevano cose di
altre epoche.

Comunque la relativa «purezza» di quello slancio
non durò a lungo. L'aria nuova, l'entusiasmo che avevano consentito al Paese di rinascere, progressivamen-
te svanirono. Il graduale benessere, che gli italiani non
avevano mai conosciuto prima in quella misura, favorì
il diffondersi della corruzione: cominciavano i primi
intrecci tra ambizioni politiche e cronaca nera.[4]

Mentre andava in scena *Vita di Galileo*, nello stesso giro di anni, Federico Fellini presentava il suo capolavoro *La dolce vita*. E Pier Paolo Pasolini, dopo il
romanzo *Ragazzi di vita* usciva con il suo primo film

*Accattone*. Alla prima milanese Fellini venne colpito da sputi, Pasolini venne incriminato per oscenità.

Tutti e tre questi artisti, che avevano lavorato su registri diversi e complementari, vennero in qualche modo censurati. Strehler e Fellini dalla Chiesa, Pasolini da quella che si chiamava un po' pigramente la «borghesia benpensante»; che forse, oggi, sarebbe il caso di rimpiangere poiché alla borghesia benpensante si può replicare, ma per la borghesia malpensante non esiste rimedio.

Erano stati gli artisti comunque a vedere per primi i pericoli che il benessere, il consumismo, la perdita di certi valori, arcaici che fossero, l'irruzione prepotente della febbre del denaro e del consumo, potevano rappresentare in un Paese culturalmente fragile come l'Italia, poco preparato agli urti della modernità.

Strehler, Fellini e Pasolini sono morti, non hanno potuto vedere quanto fossero giuste le loro intuizioni. Non hanno visto com'è andata a finire. Noi l'abbiamo visto e possiamo dire solo che avevano ragione loro. Si è tentato più volte di analizzare, di capire, le ragioni per le quali lo slancio del dopoguerra velocemente svanì né è più riapparso. Una risposta definitiva non è ancora stata trovata, forse non c'è.

Ho parlato di teatro e di film, un aspetto della situazione altamente significativo e tuttavia marginale rispetto al groviglio di cause che assicurò la ripresa dopo la guerra e anzi il boom: crebbero come mai prima la produzione industriale e tutte le attività che alimentano il famoso prodotto interno lordo, vale a dire l'indice che misura il tenore di vita mescolando nello stesso paniere le buone e le cattive ragioni, il benessere, la salute, l'istruzione, i commerci, gli scambi ma anche gli incidenti stradali e gli infortuni sul lavoro, anche la speculazione e la criminalità. Tutto ciò che si compra e si vende va a far parte del prodotto interno. Per separare il male dal bene bisognerebbe selezionare e scegliere, ma ciò implicherebbe un giudizio politico e morale che non rientra tra i compiti dell'economia, per cui tutti restano con gli occhi fissi all'ambiguo e talvolta menzognero Pil.

Di questo sviluppo, comunque lo si voglia considerare, Milano è stata a lungo il motore meritandosi il titolo di «capitale morale» che oggi per la verità, dopo quello che è successo, suona un po' enfatico. Roma era la capitale della politica e della burocrazia, Milano la capitale vera, la città dalla quale dipendeva in gran parte il livello di vita dell'intero Paese.

Se si esclude la Fiat e la rete di piccole e medie imprese, spesso brillantissime, che gradatamente entravano in campo, era a Milano o grazie a Milano che si accumulava buona parte del Pil. Non solo gli stabilimenti industriali ma anche quelle attività di industria leggera, a volte addirittura impalpabile, rappresentate dalla moda, il design, l'architettura, la fotografia, la grafica. Era la faccia importante e visibile, la faccia luminosa della medaglia. Che però ne aveva anche un'altra, opposta, di cui si parla poco.

La classe imprenditoriale milanese e lombarda ha continuato anche nel dopoguerra a disertare la vita pubblica, cioè l'amministrazione dello Stato e, attraverso l'amministrazione, gli interessi generali della collettività. Tra le critiche che di tanto in tanto vengono rivolte agli imprenditori milanesi del Nord c'è quella di essersi buttati a testa bassa nella ricerca del profitto, familiare o aziendale che fosse, trascurando ogni dovere e impegno pubblici. L'Italia del dopoguerra ha avuto, da De Gasperi in poi, numerosi e brillanti uomini politici venuti dal Nord. Più raramente dal Nord sono arrivati amministratori pubblici di uguale statura. Gli imprenditori del Nord quei doveri li hanno disertati, immersi nei loro affari hanno lasciato che agli affari di tutti pensassero gli altri.

Secondo Carlo Galli, docente di Storia delle dottrine politiche a Bologna, il rapporto tra l'Italia e le sue élite non è mai stato completamente risolto.[5] I ceti dirigenti del Paese, intellettuali e imprenditori compresi, hanno svolto solo di rado, e in periodi eccezionali, il compito di aggregare la società, operato per finalità di comune interesse. Al contrario, questi ceti si sono spesso distinti nella difesa miope dei propri privilegi quando non si sono trasformati in autentici comitati d'affari. Le cause remote del perché questo sia accaduto vengono analizzate da Galli con il consueto acume interpretativo. Notevole per esempio il rovesciamento del luogo comune secondo cui la società detta civile sarebbe di gran lunga migliore di quella politica, detta anche «casta». Secondo Galli i due strati della società, ammesso che siano nettamente distinguibili, si riflettono invece uno nell'altro come in uno specchio che deforma la reciproca immagine. Non è un caso se a Parma, nel 2001, Silvio Berlusconi fece scattare in piedi l'assemblea di Confindustria con la celebre frase: «Il vostro programma è il mio programma». Imprenditore tra altri imprenditori lui che come politico avrebbe invece dovuto incarnare l'interesse generale, non quello di una categoria. E non è un caso se anche quegli imprenditori hanno smorzato il loro entusiasmo fino a lasciarlo cadere politicamente quando si sono (infine) resi conto che in realtà il programma di Berlusconi era solo il «suo» programma, e nient'altro.

Secondo Galli alcuni spiriti sommi, tra i quali mette un ateo e un cattolico liberale, Leopardi e Manzoni (ma si potrebbe aggiungere Gramsci), sono stati tra i pochi a descrivere fino al dettaglio i caratteri regressivi che affliggono le classi dirigenti del Paese, causa non ultima dei guasti e dei ritardi nell'aggiornamento, la modernizzazione, del processo unitario.

E dire che la storia dell'Italia unita era cominciata in modo completamente diverso. Per tutto l'Ottocento negli alti gradi dell'amministrazione del Regno c'è stato un netto predominio piemontese in nome dell'efficienza e della probità. Lo stesso conte di Cavour aveva voluto che così fosse: i suoi «piemontesi» gli parevano la più solida garanzia per fronteggiare la frantumazione e la corruzione diffuse nella società meridionale. Luigi Einaudi in un intervento su «La Stampa» del 23 giugno 1900, scrisse: «Abbiamo avuto [noi piemontesi] una percentuale di impiegati alti e bassi superiore al normale; ma ciò nei primi tempi era necessario per cementare l'unità nazionale con una burocrazia di Stato imbevuta di spirito unitario e di devozione agli istituti governativi esistenti; questa burocrazia non si poteva trovare altrove che in Piemonte».

Gli studi sull'argomento sono stati numerosi e praticamente unanimi nelle conclusioni. Tra questi è prezioso lo studio del professor Sabino Cassese che riassume bene nel titolo il cuore di un problema che possiamo considerare «storico»: *Questione amministrativa e questione meridionale* (Giuffrè, Milano 1977). Le due «questioni» sono viste come altrettante facce di un problema mai risolto in un secolo e mezzo di storia unitaria: la divisione (la spaccatura profonda, secondo alcuni) tra un Paese «produttivo» concentrato al Nord e una burocrazia considerata per lo più «improduttiva» abbondante soprattutto al Sud.

Anche la prevalenza piemontese nella amministrazione pubblica infatti durò poco. Già alla fine dell'Ottocento il dato notevole era che impiegati e dirigenti dello Stato venivano per la maggior parte dalle regioni meridionali. Il socialista Filippo Turati, nato nel comasco, il 26 giugno 1920 (presentazione dell'ultimo governo Giolitti), affermava:

> Il Mezzogiorno è il gran vivaio, quasi il solo vivaio, di tutta la burocrazia italiana di tutti i gradi, dal capodivisione alla guardia carceraria. [...] Nell'Alta Italia, regione industriale, si può dire che non vi sia

un solo alunno dei nostri politecnici, delle nostre scuole superiori, che aspiri ad un ufficio di Stato. Questi uffici sono diventati uffici di collocamento per quella che chiamerei, se la frase non fosse troppo bambina, la mano d'opera cerebrale disoccupata, inadatta a qualunque utile servizio.

La frase non era affatto «bambina», era anzi durissima, rispecchiava brutalmente l'opinione corrente rimasta pressoché immutata da allora. In quegli stessi anni (1919), il grande giurista e storico Arturo Carlo Jemolo constatava più o meno un'uguale realtà: «L'amministrazione dello Stato è assediata dalle richieste importune dei moltissimi piccoli borghesi incapaci di trovare un proficuo lavoro nell'ambito professionale e sprovvisti dell'energia necessaria per indossare il camiciotto dell'operaio».

Ho ricordato questi precedenti perché numerosi studi confermano che, una volta passati i primissimi anni di prevalenza piemontese, la meridionalizzazione dello Stato ha accompagnato l'intera storia unitaria continuando sia durante il fascismo sia nel secondo dopoguerra. Negli anni Sessanta, per esempio, era piuttosto diffusa a sinistra l'opinione che fosse la Democrazia Cristiana a occupare lo Stato favorendo l'immissione di «burocrati di consenso» nei quadri di ogni livello. Tra i «dirigenti» pubblici i meridionali toccavano punte dell'80-90 per cento; le domande di arruolamento nella pubblica sicurezza provenivano per l'80 per cento dal Centro-Sud e solo per il restante 20 dal Nord.

Tutto vero. Ma anche vero che questa prevalenza netta non ci sarebbe stata, non in questa misura almeno, se le classi dirigenti settentrionali si fossero impegnate di più nella cura della *res publica*. Sarebbe potuto accadere nella ventata di energia e di creatività che seguì la fine della guerra anzi, per qualche mese si ebbe la sensazione che anche per questo aspetto il Paese stava cambiando rispetto al passato. Milano quella ventata la colse pienamente e la interpretò nel modo migliore se si pensa, tornando al racconto iniziale del capitolo, a come reagì l'amministrazione cittadina di fronte al progetto di aprire un nuovo teatro mentre gran parte delle case e delle fabbriche erano ancora distrutte dai bombardamenti. Basta confrontare quell'atteggiamento con l'ignavia odierna di tante amministrazioni sui problemi e i progetti culturali per cogliere la differenza vitale, la coraggiosa visione, lo slancio di quegli anni.

Quello spirito non è durato abbastanza, non ha mantenuto la necessaria energia. Molte volte si rimprovera, giustamente, il cattivo comportamento pubblico così diffuso nel Mezzogiorno; più di rado critiche analoghe vengono mosse a Milano e alle regioni del Nord. Le differenze ovviamente ci sono, e si vedono, ma sotto le differenze c'è un problema più generale che riguarda l'intero Paese: classi dirigenti (anche private) che sembrano spesso inadeguate alla dimensione professionale e morale dei loro compiti.

# Giudizi universali

Il primo Giudizio universale che ho visto da ragazzo non è stato quello della Sistina, come sarebbe stato normale per un romano, bensì quello giottesco nella cappella degli Scrovegni. Ero a Padova con i miei genitori e la visita s'impose naturalmente trattandosi di una meta che nessun visitatore civilizzato può mancare. In realtà le spiegazioni mi annoiarono; il Bello, e più del bello l'aspetto rivoluzionario, lo capii poco né ero in grado di apprezzare quale segno, quale rottura rispetto a tutta la pittura precedente rappresentassero la qualità dei dipinti nonché la scansione dello spazio e le soluzioni prospettiche date dal maestro alle storie lì raccontate: le vicende di Gioacchino e Anna, quelle di Maria, la storia del Cristo dalla nascita al tormento della croce, un ampio programma ispirato da varie fonti, non solo i quattro Vangeli canonici ma anche *La leggenda aurea* di Jacopo da Varagine, vangeli apocrifi come il proto-vangelo di Giacomo, il vangelo detto dello pseudo-Matteo.

Nello splendore di quello spazio, evidente anche agli occhi di un bambino, mi colpì però un dettaglio: i due angeli in alto, ai due lati della trifora, dipinti da

Giotto nell'atto di «arrotolare» il cielo. Proprio così: il cielo arrotolato come un fondale di teatro, secondo la consueta soluzione visiva (ma questo lo seppi molti anni dopo) escogitata per significare la fine del Tempo dopo l'estremo Giudizio. La suggestiva iconografia medievale era ispirata all'Apocalisse, uno dei massimi testi visionari della storia umana, archetipo di ogni altra evasione fantastica negli spazi inesplorati dell'inconscio e della colpa. Dopo aver evocato le più strabilianti apparizioni la fine è annunciata da quattro angeli che col suono delle loro trombe suscitano i finali flagelli.

E il primo angelo dette fiato alla tromba
e si fe' grandine e fuoco, con rimescolio di sangue
che fu gettato sulla Terra
e la terza parte della terra fu arsa
e la terza parte degli alberi furono arsi
e tutta l'erba verdeggiante fu arsa.
E il secondo angelo die' fiato alla tromba
e un gran monte ardente di fuoco fu gettato in mare
e la terza parte del mare diventò sangue
e morì la terza parte delle creature viventi nel mare
e la terza parte delle navi perì.[1]

La spaventosa descrizione continua fino a coinvolgere nella catastrofe l'intero pianeta e il firmamento con tutte le sue stelle e i pianeti. Nella popolaresca versione data dal Belli in un sonetto dedicato al prodigioso e terrificante evento la conclusione si presenta invece così:

All'urtimo usscirà 'na sonajjera
D'angioli, e, ccome si ss'annassi a lletto,
Smorzeranno li lumi, e bbona sera.[2]

La stessa scena del cielo arrotolato la si può vedere a
Roma nel minuscolo oratorio di san Silvestro, annesso
alla chiesa dei Santi Quattro Coronati, uno dei luoghi
più affascinanti e meno noti della città. Giotto lavorò a
Padova dal 1303 al 1305; a Roma, alcuni maestri bizan-
tini avevano affrescato la cappelletta con la storia (falsa)
della *Donazione di Costantino* al papa, base giuridica
del potere temporale della Chiesa. Le loro pitture sono
una specie di manifesto politico che dà conto di una
cessione di potere da parte dell'imperatore che in realtà
non c'è mai stata. Anche nell'oratorio di san Silvestro
comunque si ripete la stessa scena: Cristo in trono, ai
suoi lati la Madonna e Giovanni Battista, in alto due
angeli: il primo suona la tromba del Giudizio; l'altro
arrotola il cielo stellato per far vedere che tutto è finito.
    Naturalmente l'opera di Giotto è d'altro livello e
di maggiore complessità. In basso, alla base della
croce sulla sinistra, si vede il committente Enrico
Scrovegni che offre alla Madonna l'edificio che ha
fatto costruire per espiare le colpe di suo padre Reginaldo, usuraio così noto che Dante lo mette addirittura all'Inferno. Anche Giotto lo destina alle fiamme e
anzi, in basso a destra, si vede Reginaldo avanzare in
una lugubre galleria, qualcosa come il cunicolo di un
formicaio, diretto all'eterna dannazione; alle sue spalle procede un servo con un sacco sulle spalle colmo
delle sue ricchezze. In una cornice piena di rimandi

alla vita terrena e a quella *post mortem*, di richiami alle Scritture e alle profezie, di episodi toccanti o tragici, il piccolo tocco realistico del ricco che tenta di portare con sé un sacco pieno d'oro è patetico. Si può facilmente immaginare che pochi passi più in là, al momento di varcare la soglia fatale, un diavolo guardiano sequestrerà il tutto gettandolo insieme al suo padrone tra le fiamme eterne.

Un altro spettacolare Giudizio è quello raffigurato in un mosaico bizantino nell'isola di Torcello nella laguna veneta. Spettacolare e, aggiungo, suggestivo, anzi commovente. Poche decine di abitanti vivono oggi in questa isola. Il basso profilo delle poche abitazioni è interrotto solo da una torre campanaria alta sul resto e dalla mole della cattedrale dedicata a santa Maria Assunta. Avvicinandosi a bordo di una lancia, in un silenzio interrotto solo dal battito regolare del motore diesel, si vedono quei due isolati rilievi che spezzano il profilo omogeneo dei tetti, di una vegetazione bassa, mentre scorrono sotto bordo le acque stagnanti, i ciuffi delle erbe palustri, affiora qua e là il fondo sabbioso della laguna. Quelle costruzioni imponenti al confronto col resto lasciano capire quale eccezionalità rappresentino nei dieci secoli e passa di vita trascorsi dal momento della loro fondazione. L'erezione della cattedrale, in seguito rimaneggiata e restaurata più volte, data dal 640, ennesima testimonianza di un Paese che in ogni suo angolo ha segnato con una meraviglia il passaggio della storia.

Il Giudizio copre l'intera parete d'ingresso, per guardarlo bisogna arrivare almeno alla metà della navata e girarsi verso la porta. C'è la morte di Gesù seguita, come nella tradizione bizantina, dalla sua discesa agli Inferi prima della Resurrezione, si vedono gli angeli vendicatori che armati di lunghissime lance cacciano i dannati dentro le fiamme infernali sulle quali (come a Padova) troneggia un gigantesco Ade con un tenero fanciullino in braccio. Ade è re nel Regno dei morti, ma Ade è anche il luogo dell'eterna punizione. Qui Ade raffigura l'Anticristo che con la sua apparenza innocente inganna gli esseri umani. Torna ancora una volta l'immagine di un angelo che avvolge il cielo stellato per rappresentare la fine di ogni cosa creata.

Un altro Giudizio, tra i tanti di cui questo straordinario Paese è costellato, è quello di Luca Signorelli nel duomo di Orvieto. Sono passati quattro o cinque secoli dai moduli bizantineggianti di Torcello. Siamo in pieno Rinascimento, nel pannello della Resurrezione della carne due angeli smisurati dominano la scena. Con le loro trombe stanno risvegliando i morti, alcuni sono già in piedi rivestiti di carni, altri ancora scheletri, altri ancora emergono a fatica dalla terra mezzi fuori e mezzi dentro. Lo spirito dell'Apocalisse non potrebbe essere evocato con più evidenza, si sente l'Inferno di Dante ma s'intuisce anche Michelangelo che infatti trent'anni dopo porrà mano al suo Giudizio nella Sistina. Ancor più lo si sente nel pannello dedicato al vero e proprio Inferno evocato con allucinato realismo: un ammasso di membra palpitanti in mezzo alle quali diavoli dalle natiche verdi trafiggono, mutilano, accecano i dannati; alcuni sono scaraventati in basso da altri demoni volanti, la scomposta postura delle membra quasi anticipa le posizioni vertiginose degli infelici che a New York, l'11 settembre 2001, atterriti dalle fiamme si lanciarono nel vuoto dall'alto dei grattacieli. Al centro della scena la «prostituta» (immagine che ha acquisito una sua autonoma celebrità) è condotta a dannazione sulla groppa di un demone cornuto che distende ali di pipistrello. Il suo volto esprime angoscia, forse rimpianto per una vita che avrebbe potuto essere migliore. In alto, tre angeli impassibili, mano alla spada, sorvegliano che nessuno sfugga al castigo.

Sull'opera, immane, di Michelangelo esiste una sterminata letteratura alla quale non è il caso di aggiungere alcunché. Richiamo solo alcune curiosità, qualche particolare significativo o divertente, voglio dire umano, cioè capace di riassumere lo spirito e gli scopi di queste terrificanti raffigurazioni nonché in questo caso lo spirito libero e irridente dell'uomo Michelangelo. Nell'angolo in basso a destra dell'affresco (170 metri quadrati circa), si vede tra le altre la figura di un uomo dalla stravolta fisionomia e con le orecchie d'asino. Un gran serpente lo avvolge, gli stringe il torace, scende poi con le sue spire fino agli inguini, gli morde i testicoli. Chi è quello sventurato Minosse, sicuramente uno dei più infelici tra i dannati? Si tratta di Biagio da Cesena, maestro di cerimonie di papa Paolo III

Farnese. Recatosi a vedere l'affresco mentre era ancora in corso di esecuzione, l'imprudente aveva detto che gli sembrava un'opera adatta a decorare un bagno termale più che una cappella. La vendetta di Michelangelo lo ha fissato nei secoli. Il Vasari riporta l'episodio, nelle sue *Vite*, con un tono che non nasconde un certo divertimento:

> Aveva già condotto Michelagnolo a fine più di tre quarti dell'opera, quando andando papa Paulo a vederla, perché Messer Biagio da Cesena maestro delle cerimonie e persona scrupolosa, che era in cappella col Papa, dimandato quel che gliene paressi, disse essere cosa disonestissima in un luogo tanto onorato avervi fatto tanti ignudi che sì disonestamente mostrano le lor vergogne, e che non era opera da cappella di papa, ma da stufe e d'osterie. Dispiacendo questo a Michelagnolo e volendosi vendicare, subito che fu partito lo ritrasse di naturale senza averlo altrimenti innanzi, nello inferno nella figura di Minòs con una gran serpe avvolta alle gambe. [...] Né bastò il raccomandarsi di Messer Biagio al Papa e a Michelagnolo che lo levassi, che pure ve lo lassò per quella memoria, dove ancor si vede.[3]

Ben gli sta, si potrebbe commentare. L'episodio ebbe, secondo il Vasari, anche un seguito. Messer Biagio turbato e offeso dalla collocazione (e dai compromessi testicoli) andò a lamentarsene con il papa che gli chiese dove esattamente l'artista lo avesse collocato. Nell'Inferno, rispose il malcapitato, al che il papa: «Se vi avesse dipinto nel Purgatorio, ci sarebbe stato qualche rimedio, ma nell'inferno nulla est redemptio». Anche i papi talvolta si concedono un sorriso.

Nel 1564, anno della morte di Michelangelo, si decise di censurare i nudi della Sistina giudicati scandalosi. Per fortuna Michelangelo, morto in febbraio, non assistette allo scempio. La decisione applicava uno dei principi stabiliti al Concilio di Trento, terminato l'anno precedente; da quel momento si apriva in Italia il periodo della famigerata «Controriforma» che avrebbe soffocato la ricerca scientifica e pesantemente investito anche il campo artistico. Daniele da Volterra, che dell'artista era stato collaboratore e che fu anche suo erede, venne incaricato della bisogna. Si trattava di rivestire con braghe le numerose nudità né più né meno di come, nei periodi di maggiore ipocrisia anche recenti, saranno rivestite le gambe delle ballerine. Lo sventurato Daniele, passato alla storia dell'arte come «il braghettone», si limitò a ricoprire a tempera gli affreschi, cosicché passata la tempesta moraleggiante li si poté di nuovo «spogliare» riconducendoli alla concezione originaria. Tutti salvo uno, quello che raffigura (a metà altezza circa, sulla destra) due martiri della Nuova Alleanza: san Biagio e santa Caterina; Michelangelo aveva raffigurato costei ignuda, le poppe pendule, china sullo strumento del suo martirio, un frammento di ruota dentata. Conosciamo la sua posizione e quella del santo grazie a una fedele copia dell'opera eseguita da Marcello Venusti prima dell'intervento delle braghe.

In questo caso il restauro non si poté fare perché Daniele non s'era limitato a mettere delle vesti addosso alla santa, aveva grattato l'affresco originario, risteso un nuovo intonaco e ridipinto di sana pianta i due santi cambiandone le posizioni. Nell'idea di Michelangelo Caterina era, come dicevo, china in avanti, Biagio alle sue spalle era quasi riverso su di lei in una postura che avrebbe potuto far immaginare, ad una mente sessualmente turbata com'è spesso quella dei casti, un «*coitus a tergo vel more ferarum*».

Scrupoli miserabili di fronte alla tragica potenza di quella parete, sicuramente il Maestro se ne sarebbe indignato, lui che non consentiva a nessuno di mettere in discussione la sua opera. Come dimostra un altro episodio. Mentre l'artista era intento alla disumana fatica di dipingere la volta (siamo dunque circa 25 anni prima del Giudizio) papa Giulio II Della Rovere, che gli aveva commissionato l'affresco, si recò a vedere i lavori, e dopo aver guardato qua e là e chiesto qualche chiarimento fece mostra di un certo scontento. Osservò in particolare che l'insieme delle pitture non gli pareva abbastanza ricco. La risposta di Michelangelo, che solo uno come lui poteva gettare in faccia al papa, fu: «Quegli che son quivi dipinti furon poveri anch'essi». Non ci furono repliche, pare.

Reazioni forti, dimostrano quale consapevolezza il Maestro avesse dell'arte sua ma anche il suo temperamento indomito, un uomo che seppe dare al proprio lavoro il peso che meritava, mettendo l'artista ad un livello pari se non superiore a quello del committente, foss'anche il papa.

Si può accennare ad un'altra particolarità, importante, della Sistina. Il Giudizio di Michelangelo si trova dietro l'altare e non sulla controfacciata come tutti gli altri. I Giudizi venivano collocati nella parete opposta a quella dell'altare perché servissero di ammonimento. Dopo aver assistito ai riti sacri guardando l'altare, i fedeli uscendo si trovavano di fronte la scena con le varie pene previste per chi avesse violato la legge divina. Nel caso della Sistina accade il contrario: il celebrante e i fedeli si trovano costretti a fissare il Giudizio estremo mentre recitano le loro preghiere. Non so se fu la pianta della cappella a imporre questa soluzione o la volontà del Maestro. Probabilmente ci vorrebbe poco a chiarire il dubbio chiedendo a uno specialista. Non ho mai voluto farlo; mi piace immaginare (ma senza fondamento storico) che Michelangelo abbia voluto quella collocazione per fare della sua opera un ammonimento rivolto anche ai cardinali, ai celebranti, allo stesso papa.

Del resto nella Roma corrotta di quegli anni, traumatizzata dalla Riforma, il sommo artista faceva parte del circolo detto degli Spirituali, ritenuto addirittura di simpatie luterane. Il sospetto è quasi certamente infondato, vero invece che in questo ristretto cenacolo si cercava di favorire una ripresa dello spirito evangelico come rimedio alla corruzione della Chiesa. Della cerchia era in certo modo animatrice Vittoria

Colonna che, rimasta vedova di Ferdinando Francesco d'Avalos marchese di Pescara, s'era ritirata a vita quasi claustrale nel monastero femminile di san Silvestro al Quirinale. Qui raccoglieva una piccola corte di intellettuali: alti prelati, scrittori, poeti, artisti, tra questi Michelangelo che le fece dono di varie sue opere. C'è chi ha parlato di un legame amoroso tra i due, ipotesi nello stesso tempo plausibile e insignificante; quali che fossero i loro rapporti, ciò che davvero conta è il loro legame intellettuale e spirituale. Scrive il Condivi nella sua *Vita di Michelangelo Buonarroti* (1553), che quando Vittoria morì a 56 anni (25 febbraio 1547) Michelangelo si chinò commosso a baciarne il volto.

La domanda che l'insieme di questi Giudizi pone è però a qual fine il tema si sia diffuso con tale larghezza. In Italia esistono infatti anche numerosi Giudizi scolpiti, per esempio sul rivestimento dei pulpiti allo scopo evidente d'imprimere nella mente dei fedeli, durante la predica, l'idea d'un incombente castigo. Qui non si parla ovviamente della qualità delle opere, spesso ottima non di rado eccellente o addirittura suprema, bensì del fine pratico, o se si vuole pedagogico, di quelle rappresentazioni. I supplizi ai quali i peccatori sono condannati per l'eternità non sono dissimili da quelli altrettanto atroci subiti dai martiri cristiani al tempo delle persecuzioni o da quelli inflitti dai tribunali della santa Inquisizione a streghe ed eretici. Nella chiesa romana di santo Stefano Rotondo, si possono osservare una serie di affreschi del Pomarancio (XVI secolo) che ritraggono scene di martirio. Il repertorio è ampio: flagelli, amputazioni, lapidazioni, schiacciamento, lacerazione delle carni, tutto quanto la crudeltà umana ha saputo escogitare per provocare dolore qui è stato raffigurato. Si dice che lo stesso marchese de Sade, appassionato dell'argomento, sia rimasto turbato dalle scene. La differenza è nel modo in cui le pene sono accolte dalle vittime. Sul viso dei martiri traspare l'estasi a dispetto delle sofferenze; sul volto dei dannati si legge, come nella parabola, «tenebra, pianto e stridore di denti» (Matteo 22,13).

I Giudizi sono in altre parole uno degli strumenti attraverso i quali la Chiesa ha cercato di imporre l'obbedienza e di preservare l'ortodossia. Quando la situazione l'avesse richiesto potevano ovviamente intervenire torture e roghi, anticipazione dal vero dei supplizi infernali, ma la parte ideologica del precetto era affidata a queste opere concepite per diffondere un messaggio di severo ammonimento.


Dal tempo dei tempi c'è, tra gli scopi delle religioni, quello di contenere le spinte disgregatrici che si sviluppano all'interno delle comunità umane. Già il sofista Crizia (V secolo a.C.) in un suo dramma, il *Sisifo*, enunciava l'ipotesi che gli dei furono inventati per tenere a freno le passioni, ovvero per costringere gli esseri umani a comportamenti morali. La discussione su questo punto è andata avanti nel corso dei secoli tanto è vero che anche i «moderni» di oggi non mancano di lamentare il fatto che la promessa della vita eterna o la minaccia dell'eterno castigo non vengano più considerati con la dovuta attenzione.

Ci sono almeno tre metodi per tenere a freno le tendenze asociali che possono svilupparsi in alcuni individui. Minacciare pene ultramondane; minacciare pene temporali come la galera, i lavori forzati, la morte. Oppure portare il maggior numero di individui a condividere la necessità di un comportamento morale, vale a dire che i propri doveri e diritti civili vanno osservati per intima convinzione. Quest'ultimo metodo è il più difficile anche se, una volta attuato nella maggiore misura possibile, diventa anche il più sicuro. Spinoza vide tra i primi che questa era la soluzione preferibile. Nemmeno a Kant piaceva che un individuo fosse spinto a comportarsi correttamente solo per il timore d'una punizione. L'ideale, forse bisognerebbe dire l'utopia, degli illuministi era che un comportamento corretto diventasse il portato di un convincimento liberamente maturato.

Nei precetti imposti con il timore del castigo divino si nasconde il pericolo di dar vita a una teocrazia, ovvero ad una società dove non si fa distinzione tra il peccato, che è offesa alla divinità, e il reato che ferisce invece l'umana convivenza. Il che rappresenta il peggiore dei rimedi possibili come ancora oggi dimostrano le società islamiche di stretta osservanza.

Un certo senso del «sacro» è positivo se coltivato nell'intima sfera della coscienza anche perché si tratta in genere di regole che gli uomini si sono dati per proteggersi da se stessi. Quando però si tenta di diffondere il senso del sacro come se fosse un valore sociale valido per tutti, si compie una pericolosa forzatura. Si impongono cioè i valori morali di una religione anche a chi a quella religione non partecipa, il che, dal XVIII secolo in poi, è considerato nelle società più progredite una violazione grave dei diritti degli individui. I castighi che la legge prevede per chi commette reati sono basati su regole certe votate da un Parlamento. Le punizioni divine agitano invece oscuri timori, spaventose e imprecisate minacce che spesso fanno leva sulla credulità la quale a sua volta può con facilità sconfinare nella superstizione e sfociare nel fanatismo. Si tratta di una miscela altamente emotiva e pericolosa come dimostrano tutte le guerre di religione antiche e moderne, da chiunque promosse.

Nel «sacro» che diventa fede e nella fede eretta a precetto di verità, anzi al possesso in esclusiva della «Verità», c'è la fonte di ogni intolleranza poiché la Verità non sopporta contraddizioni. Quando le alte gerarchie di una religione affermano che i valori da loro professati sono «non negoziabili» e che dunque vanno imposti a tutti indipendentemente dalle loro convinzioni, tradiscono quel principio di carità che sarebbe in teoria il fondamento stesso di molte religioni, per esempio il Cristianesimo.

È qui uno dei punti di massimo attrito tra la concezione sacrale della vita e una visione di laica tolleranza. Del resto, la separazione tra la sfera etico-religiosa e quella dei diritti e doveri civili è una delle più grandi conquiste della civiltà occidentale. Come osservò tempo fa Claudio Magris: «Il sublime Sermone della montagna evangelico è più grande di ogni codice, ma inadatto a essere preso per un codice».[4]

Tutto sommato è un bene che i Giudizi universali ormai non facciano più paura a nessuno e vengano apprezzati solo per ciò che spesso sono, vale a dire magistrali espressioni della creatività umana.

# L'invenzione del ghetto

Anche questa storia conclusiva comincia con un personaggio non della realtà ma di fantasia. Un uomo fatto non di carne ma di sentimenti e di passioni nato in una novella del XIV secolo scritta da Giovanni Fiorentino, rielaborata da uno dei massimi poeti dell'umanità, forse il più grande, William Shakespeare. Nella sua tragedia *Il mercante di Venezia* risalta la figura di Shylock l'ebreo, gestore di un banco di pegni che presta denaro al giusto interesse né potrebbe fare altrimenti dato che le leggi della città questo gli consentono. Nel caso di un prestito al gentiluomo Bassanio, di cui s'è fatto fideiussore Antonio (è lui il «mercante» del titolo), chiede però non le consuete penali in caso di inadempienza ma una libbra di carne dello stesso Antonio. Shylock è animato da grande risentimento nei suoi confronti, col tempo è diventato autentico odio. A un certo punto dirà: «M'ha chiamato cane d'un ebreo; ora assaggerà le mie zanne». Nel dramma scespiriano avvengono molte cose e s'intrecciano diverse vicende ma il fuoco della tragedia resta in questo odio che esplode nel celebre monologo del terzo atto. È un'invettiva e una confessione, Shylock

apre la sua anima dove ribollono sentimenti e passioni che spiegano la crudele richiesta:

> Mi ha sempre umiliato; ha riso delle mie perdite,
> sbeffeggiato i miei guadagni, offeso la mia gente, raf-
> freddato i miei amici, riscaldato i miei nemici. E que-
> sto perché? Perché sono ebreo. Non ha occhi un
> ebreo? Non ha mani, organi, membra, sensi, passioni
> affetti un ebreo? Non mangia lo stesso cibo, non è
> ferito dalle stesse armi, non soffre degli stessi mali e
> curato dagli stessi rimedi? Estate e inverno non sono
> caldi e freddi per lui come per un cristiano? Se ci
> pungete non sanguiniamo? Se ci fate il solletico non
> ridiamo? Se ci avvelenate non moriamo forse? E se ci
> offendete non dovremmo vendicarci? Se siamo ugua-
> li in tutto il resto vi assomiglieremo anche in questo.

Parla un uomo offeso che vomita le ragioni del suo risentimento; esige la carne di Antonio nella misura fissata, nemmeno il doppio o il triplo della somma pattui-
ta a garanzia potrebbe sostituire quel pegno che non
ha un valore economico ma di riscatto; il Doge non
potrà rifiutarsi di applicare la legge. In realtà la vicenda
va a finire in tutt'altro modo e il dramma si scioglierà
in un finale quasi lieto. Nell'intreccio tra varie situazioni e personaggi colpisce la quantità di notazioni storicamente precise che fanno da sfondo agli avvenimenti.
A cominciare dall'estensione dei commerci marittimi
della Serenissima Repubblica. Deriva proprio da questa forza commerciale la necessità che le leggi vengano
rispettate: la parola data da Venezia deve restare affi-

dabile affinché i commerci continuino a fiorire. Basta pensare che Antonio, armatore marittimo, è in attesa del rientro di certe sue navi per le quali uno dei personaggi indica queste provenienze:

Quello da Tripoli, l'altro dal Messico,
quelli dall'Inghilterra, da Lisbona,
dalle coste dell'Africa, dall'India!

Tale dunque la dimensione della rete nel XVI secolo, in cui il dramma viene ambientato, quando Venezia conosce uno dei picchi del suo splendore. Buona parte di quella fortuna furono gli ebrei a favorirla maneggiando abilmente il denaro, così acquistandosi fama di usurai, in realtà svolgendo un compito essenziale anche per conto della Repubblica.

In un modo o nell'altro il denaro si è sempre prestato ovunque nel mondo anche prima che fossero inventate le banche. Prima delle attuali banche infatti c'erano i banchi, dove si prestava su pegno o su scrittura con un interesse più favorevole per chi poteva fornire garanzie reali. L'invenzione degli strumenti di credito è una delle glorie italiane del XV secolo. Gli assegni, le lettere di vettura, le note al portatore, le cambiali furono altrettante innovazioni che sveltirono i commerci eliminando il rischio di doversi portare dietro ingenti quantità di denaro in viaggi spesso avventurosi. Nacquero gli antenati delle odierne carte di credito.

Esclusi da molti mestieri, dalle professioni, dall'insegnamento, dalla proprietà immobiliare ed agricola, agli ebrei furono lasciate poche possibilità di guadagnare onestamente, tra queste il commercio degli abiti usati e il prestito contro interesse proibito ai cristiani dalla loro religione. In terraferma, a Mestre, c'era un piccolo nucleo di banchieri ebrei che avevano il permesso di venire a fare i loro commerci nella città sulla laguna purché non si trattenessero più di due settimane. Poi accadde, per esempio al tempo della Lega di Cambrai nel 1508, che truppe ostili coalizzate contro Venezia arrivassero fin quasi in città e che molti abitatori di Mestre, ebrei compresi, venissero a rifugiarsi in laguna. Gli ebrei cercavano un rifugio, la Serenissima cercava soldi, l'incontro ci fu e il piccolo nucleo ebraico originario cominciò a diventare più grande. Il permesso di residenza era sempre a tempo e bisognava pagare per averlo, ma si trattava ormai di periodi molto più lunghi dei quindici giorni d'una volta.

Della Lega di Cambrai faceva parte anche papa Giulio II Della Rovere che combatteva Venezia perché voleva estendere i suoi domini su Ravenna e la costa romagnola. Dopo qualche mese però il papa si rese conto che la Francia, che pure partecipava alla Lega, era un pericolo più grave di quello rappresentato da Venezia e rovesciò il fronte alleandosi con la Serenissima. Venezia vedeva così diminuire i suoi rischi, non però gli ebrei.

Nel momento di maggiore angustia, quando pareva che l'imponente coalizione di forze nemiche dovesse annientare la città, un ulteriore pericolo s'era abbattuto sugli ebrei. I predicatori francescani andavano ripetendo da ogni pulpito che i nemici sarebbero stati respinti e il pericolo scongiurato solo se Venezia avesse prima cacciato i peccati che aveva dentro di sé. Uno di questi era appunto la presenza degli ebrei assassini di Gesù Cristo.

Quelle parole non caddero nel vuoto, la Serenissima, pur mantenendo la sua indipendenza, figurava alleata del papato. In queste circostanze fu concepito un provvedimento destinato a cambiare la storia del mondo, o quanto meno la storia del popolo ebraico nel mondo. Nel consiglio cittadino si levarono più voci contro gli ebrei accusati di costruire illegalmente le loro sinagoghe e di fare opera di corruzione. Tra i più accaniti si distinse il maggiorente Zaccaria Dolfin il quale, preoccupato per la situazione del tesoro pubblico e animato da un violento antisemitismo, il 26 marzo 1516 lanciò l'accusa che gli ebrei veneziani fossero un corpo estraneo e che dalla loro presenza dipendessero molti mali. Un rimedio c'era, concentrarli tutti in un unico quartiere che fosse facilmente controllabile: «mandarli tutti a star in Geto nuovo, ch'è come un castello, e far ponti levadori e serar di muro».[1] Tre giorni dopo, il 29, fu emanato un decreto che ordinava:

Li Giudei debbano tutti abitar unidi in la Corte de Case, che sono in Ghetto appreso San Girolamo; ed acciocché non vadino tutta la notte attorno: Sia preso che dalla banda del Ghetto Vecchio dov'è un Ponteselo piccolo, e similmente dall'altra banda del Ponte siano fatte due Porte cioè una per cadauno di detti due luoghi, qual Porte se debbino aprir la mattina alla Marangona, e la sera siano serrate a ore 24 per quattro Custodi Cristiani a ciò deputati e pagati da loro Giudei a quel prezzo che parerà conveniente al Collegio Nostro.

In quella fine di marzo nascevano insieme un istituto nuovo e una parola nuova: ghetto. L'istituto avrebbe conosciuto ampia e triste diffusione nel mondo. La denominazione, di origine non certissima, pare derivasse dal termine veneto «geto», usato per indicare il luogo dove si fondevano i metalli (gettare, fondere), pronunciata con la «g» dura forse dagli ebrei tedeschi che per primi vi si stabilirono.

Confinare una parte della popolazione in una zona recintata chiudendovela a chiave era in sé un provvedimento odioso. Ma non bastava; porte e finestre che affacciavano fuori dal ghetto dovevano essere murate, le quattro porte erano sbarrate alla mezzanotte e riaperte solo al mattino, due barche (pagate dagli ebrei) percorrevano di notte i canali esterni assicurando sorveglianza.

Eppure il provvedimento non mancava, nella sua applicazione pratica, di alcuni aspetti positivi. Intanto era stato creato un quartiere dove risiedere e questo rappresentava un riconoscimento e una garanzia se non addirittura un privilegio; all'interno di quel recinto gli ebrei potevano celebrare in pace i loro riti senza timore di essere aggrediti, erano al riparo dai furori omicidi spesso invocati dai pulpiti. Lo spazio era esiguo e lo diventerà sempre di più (come si può

vedere ancora oggi dallo sviluppo verticale degli edifici) però era uno spazio protetto. Protetti erano i banchi e i negozi di mercanzie dai tentativi di saccheggio.
Per di più il pragmatismo politico dei veneziani faceva
sì che alcune restrizioni fossero applicate con una
certa blanda elasticità anche perché l'attività dei banchi era considerata indispensabile potendosi ricevere
denaro in prestito ad un interesse ragionevole: «per la
povera zente non vi hessendo monte di la pietà come è
in le altre terre», precisa una cronaca. Il procuratore
Antonio Grimani di lì a poco ricorderà, senza mezzi
termini, che non solo «è necessario hebrei per sove-
gnir la povera zente», ma che essi «in questa guerra ne
ha aiutà di assa' danari». Infatti molti denari gli ebrei
continueranno a fornire alla Repubblica con una serie
di «prestiti» forzosi rinnovati per tutte le numerose
guerre in cui la Serenissima si troverà impegnata.

Anche Marin Sanudo (1466-1536), uomo politico e
attento cronista, nei suoi sterminati *Diarii* (ben 58 vo-
lumi!) sottolinea l'utilità sociale dei prestatori di denaro: «Avrei preso volentieri la parola non per parlare
dei figli d'Israele e delle truffe che compiono prestan-
do ad interesse ma [...] per dimostrare che gli ebrei
sono necessari in un paese come i panificatori [...] ciò
che hanno sempre fatto i nostri anziani i quali consi-
gliavano di tenere gli ebrei per prestare ad usura».
Sanudo riteneva che cacciare gli ebrei senza che ci
fosse un monte di pietà sarebbe stato un provvedimento sconsiderato.

Il ghetto non era tuttavia la sola misura presa dalla Serenissima. Uscendo dal loro quartiere gli ebrei dovevano portare come segno di riconoscimento una rotella gialla applicata agli abiti, più tardi sostituita da una berretta sempre di colore giallo. Solo i medici, ritenuti valentissimi, e solo per certi periodi, ne erano esentati. Dal giovedì santo al giorno di Pasqua dovevano restare chiusi in casa in segno di penitenza per il loro crimine antico, ma anche come forma di protezione contro eventuali attacchi stimolati dal ricordo della passione di Gesù. Lo storico dell'ebraismo Riccardo Calimani (al quale sono grato per molte preziose informazioni) nel suo *Storia del ghetto di Venezia* ricorda che: «Chiudere a chiave i forestieri non era solo abitudine dei veneziani: in Alessandria d'Egitto proprio ai veneziani era proibito uscire dalle case durante le ore di preghiera musulmana o durante il venerdì».[2]

L'istituzione del ghetto parve a Roma un'iniziativa molto interessante. Papa Carafa, salito al trono nel 1555 col titolo di Paolo IV, pensò subito di imitarla. A soli due mesi dalla sua elezione si affrettò a istituire anche a Roma un ghetto con una bolla divenuta famosa, *Cum nimis absurdum*. Che cosa doveva essere considerato così «assurdo»?

È assurdo e sconveniente al massimo grado che gli ebrei, che per loro colpa sono stati condannati da Dio alla schiavitù eterna, possano, con la scusa di essere protetti dall'amore cristiano e tollerati nella loro coabitazione in mezzo a noi, mostrare tale ingratitudine verso i cristiani ad oltraggiarli per la loro misericordia e da pretendere dominio invece di sottomissione: e poiché abbiamo appreso che, a Roma ed in altre località sottoposte alla sacra romana Chiesa, la loro sfrontatezza è giunta a tanto che essi si azzardano non solo di vivere in mezzo ai cristiani, ma anche nelle vicinanze delle chiese senza alcuna distinzione di abito, e che anzi prendono in affitto delle case nelle vie e nelle piazze principali, acquistano e posseggono immobili, assumono donne di casa, balie ed altra servitù cristiana, e commettono altri e numerosi misfatti a vergogna e disprezzo del nome cristiano, ci siamo veduti costretti a prendere i seguenti provvedimenti.

Tra i provvedimenti si prevedeva: *in primis* l'istituzione del ghetto e che in ogni ghetto non potesse esserci più d'una sinagoga, il divieto di possedere immobili, l'obbligo di un segno esteriore di riconoscimento, il divieto di assumere dipendenti cristiani, l'autorizzazione a svolgere solo alcuni limitati mestieri tra i quali, ancora una volta, il commercio di abiti usati e il prestito di denaro. Papa Pio V (Antonio Ghislieri), uno dei suoi successori (regnò dal 1566 al 1572) noto per il suo antiebraismo, raccomandò che tutti gli Stati confinanti istituissero dei ghetti, esortazione prontamente attuata ovunque con le sole eccezioni di Livorno e Pisa.

A Roma, molti di questi provvedimenti rimasero in vita a lungo. Tra i tanti aneddoti significativi si può citare il caso di Amedeo Modigliani che nacque nel 1884 a Livorno a causa di una disavventura occorsa al suo bisnonno. In anni lontani i Modigliani s'erano stabiliti nella città del papa-re, dove c'era più ampia possibilità di commerci. L'antenato di Amedeo, uomo agiato, forse banchiere più probabilmente gestore di un banco di pegni, aveva avuto occasione di prestare denaro a un cardinale salvandolo da un forte imbarazzo. L'affare era stato concluso con tale reciproca soddisfazione che l' imprudente avo Modigliani aveva pensato di poter sfidare il divieto papale investendo il ricavato in una vigna sulle pendici dei colli Albani. Quando la cosa si riseppe, gli uomini di curia ordinarono all'insolente giudeo di disfarsi immediatamente del terreno, minacciando in difetto pesanti sanzioni. Aver salvato dal disonore un principe della Chiesa non poteva considerarsi un sufficiente salvacondotto. Modigliani dovette obbedire ma contrariato, e più ancora offeso, radunò subito familiari e averi e partì da Roma alla volta di Livorno che Ferdinando I granduca di Toscana, protettore di artisti e scienziati, governante accorto e desideroso di popolare al più presto quel magnifico scalo, aveva trasformato in una specie di porto franco invitando chiunque volesse risiedervi, esuli politici e religiosi compresi. Infatti la comunità ebraica livornese godette di una certa prosperità come dimostra tra le altre cose la magnificenza della sua sinagoga barocca. Quando la famiglia Modigliani vi giunse, nel 1849, a Livorno c'erano circa cinquemila ebrei su una popolazione totale di 70 mila anime.

Al confronto, gli ebrei veneziani sono sempre stati meno numerosi. Riccardo Calimani nel suo saggio scrive: «Sul finire del Cinquecento la popolazione ebraica complessiva della Repubblica Veneta era di tremila unità su un totale di un milione e mezzo di abitanti».[3] Alla metà del Seicento erano diventati quasi cinquemila ma il censimento del 1869 ne conta solo 2415 (su una popolazione di 114 mila abitanti) che salgono a tremila alla vigilia della Grande Guerra.[4] Le leggi razziali fasciste e le retate durante l'occupazione nazista hanno avuto tragiche conseguenze; dei duecento ebrei veneziani deportati ne sono sopravvissuti solo sette. Alla fine della guerra la comunità contava appena mille membri ridotti, nel 2000, alla metà.

Ora più popolosa ora meno, la comunità veneziana era suddivisa in tre componenti o «nazioni». La più numerosa era quella «todesca», c'erano poi altre due comunità, una detta Levantina e l'altra Ponentina. Col tempo, dati anche i frequenti matrimoni misti, le diversità di lingua e di rito si attenuarono però senza scomparire del tutto. Anche i rabbini che inizialmente rappresentavano solo la propria «nazione» finirono per essere eletti per meriti personali in rappresentanza dell'intera comunità. Dell'antica divisione in «nazioni» sono testimonianza le numerose sinagoghe che ancora oggi si possono ammirare nel ghetto di Venezia: la Schola Tedesca, la Spagnola, l'Italiana, la Levantina. Luoghi ricchi di tradizioni ma anche di architetture, spazi, paramenti, argenti.

Come ogni comunità chiusa, anche il ghetto aveva un'intensa e movimentata vita di relazione: rapporti amichevoli o addirittura amorosi oppure, al contrario, ostili; alleanze e rivalità, amicizie solidali e gelosie, non di rado contese o litigi. Il tutto reso ancora più complicato dai rapporti con la città cristiana e con le autorità della Chiesa. L'atmosfera generale a Venezia era certo più distesa che a Roma o nei territori pontifici, ma era credenza diffusa che la città fosse stata fondata con l'aiuto di Dio e che le sue fortune commerciali e militari continuassero a dipendere dalla benevolenza divina il che dava al clero una notevole influenza sugli affari cittadini.

Il governo della Repubblica aveva sempre cercato di mantenere una sua liberale indipendenza evitando l'aperta sudditanza al papato prevalente in altri territori della Penisola. Nemmeno Venezia però poteva ignorare completamente l'ostilità della Chiesa verso gli ebrei, soprattutto nei periodi in cui la Serenissima doveva stringere con Roma alleanze politiche o militari.

Nel 1542, mentre era in preparazione quel vasto complesso di norme e discipline che diverrà noto come «Controriforma», papa Farnese (Paolo III) aveva dato nuovo vigore all'Inquisizione con la famigerata bolla *Licet ab initio*. Cinque anni dopo, con decreto dogale, il tribunale ecclesiastico arrivò in laguna sotto la sovrintendenza del legato papale, del patriarca e di un francescano che, anche se doveva giurare obbedienza alle leggi della Repubblica, era di fatto il vero inquisitore (dopo il 1560 la gestione passerà ai domenicani). I predicatori francescani del resto erano i più accesi nel denunciare che il favore di Dio verso la città andava riconquistato purgandosi di ogni peccato e che tra i peggiori peccati c'era quello di aver dato agli ebrei eccessiva libertà.

La reazione della Chiesa alla Riforma di Lutero e le nuove iniziative pontificie rafforzarono i poteri inquisitori anche verso gli «eretici». Doveva provarlo a sue spese, sul finire dello stesso secolo, il filosofo Giordano Bruno che nel 1592 s'era stabilito a Venezia per dare ad un tal Mocenigo, gentiluomo di piccola nobiltà, lezioni di «mnemotecnica». Il loro rapporto non fu felice e quando Bruno annunciò di volersene andare il nobiluccio, offeso, corse a denunciarlo al tribunale ecclesiastico. Disse che il filosofo aveva bestemmiato, che disprezzava la religione, non credeva alla Trinità e credeva invece nell'eternità del mondo e che esistano mondi infiniti, che praticava le arti magiche negando invece la verginità di Maria, eccetera. La sera stessa Bruno venne arrestato e rinchiuso in carcere. Forse pensava di cavarsela con poco ma in quel particolare momento e nell'imminenza di un anno santo, il caso interessava a Roma e lì Bruno fu trasferito per esservi nuovamente processato. Il 17 febbraio 1600 sarà arso vivo in Campo de' Fiori.

Un altro problema assillante era quello delle conversioni. A Roma le conversioni forzate degli ebrei erano pratica corrente ma a Venezia non si potevano seguire gli stessi metodi, talvolta brutali, applicati nella capitale pontificia; il governo della Repubblica non lo avrebbe consentito. D'altra parte gli ebrei non erano in genere considerati eretici salvo casi particolari. Un decreto di Bonifacio VIII per esempio stabiliva che un ebreo passato al Cristianesimo, cioè battezzato, che volesse tornare ad essere ebreo, doveva essere considerato eretico e trattato come tale. Mentre a Roma le sollecitazioni a convertirsi erano incessanti, comprese le prediche obbligatorie nella Casa dei Catecumeni sorvegliate dalle guardie svizzere, a Venezia si evitava di esortare gli ebrei alla nuova religione, infatti le conversioni erano rare anche se in qualche caso clamorose.

Un eccezionale interesse suscitò per esempio il battesimo nella chiesa dei Frari del figlio di Asher Meshullam fondatore del ghetto. Vi fu una cerimonia solenne durante la quale il neoconvertito fu ricevuto con ogni onore; si trattava però di un caso fuori del comune, in genere le cose si svolgevano con maggior discrezione né mancavano casi imbarazzanti di conversioni calcolate in cambio di un'elemosina. Così accadde a un giovane ebreo ridotto in miseria che si fece battezzare per quattro volte a Venezia, a Ravenna, a Modena. Processato davanti all'Inquisizione confessò: «Io me son fatto battizar perché ero mal in ordine del vestito e per haver qualche rechapito me ho fatto battizar. [...] Sapevo che faceva mal ed contro la costitution della fede christiana et che era peccato ma lo facevo perché non havevo modo de viver».[5] Gli inflissero una condanna a vent'anni di remo sulle galere.

I convertiti perdevano il nome d'origine per prendere, quasi sempre, il cognome dei padrini e il nome del santo del giorno. Un esempio curioso di questo passaggio da una fede all'altra è quello di Lorenzo Da Ponte, famoso e geniale librettista di Mozart. Il suo nome d'origine era Emanuele Conegliano, figlio di Geremia, commerciante di pellame, il quale, rimasto vedovo, voleva sposare in seconde nozze una donna cattolica. Per poter celebrare il matrimonio doveva però battezzarsi e, nell'occasione, fece battezzare anche i figli di primo letto tra i quali Emanuele che in quel momento, siamo nel 1763, aveva 14 anni. Il vescovo di Ceneda monsignor Da Ponte, impose al ragazzo il proprio nome e lo battezzò Lorenzo, offrendosi di pagare i suoi studi in seminario per poi destinarlo alla carriera ecclesiastica. A 24 anni infatti Lorenzo venne ordinato sacerdote e cominciò ad insegnare in vari collegi del Veneto. Al sacerdozio però non era molto portato. Conobbe, in ogni senso, molte donne, si dichiarò seguace di Rousseau e dell'Illuminismo, ebbe un figlio da una nobildonna veneziana, probabile ragione della sua fuga dall'Italia. Nel 1781, ormai trentaduenne, arriva a Vienna con in tasca una lettera di raccomandazione per Antonio Salieri *Kapellmeister* alla corte imperiale. Ottenuto un impiego come librettista (oggi forse diremmo «sceneggiatore») comincia a lavorare e conosce, tra gli altri, Mozart per il quale scrive i tre grandiosi libretti «italiani»: *Nozze di Figaro, Don Giovanni, Così fan tutte*. Il seguito della sua vita non fu meno avventuroso; andò a New York, insegnò letteratura in quella che è oggi la Columbia University, e a New York morì probabilmente sazio d'una vita durata quasi novant'anni.

Il ghetto rimase in vita fino alla fine del Settecento e la sua abolizione fu accompagnata da ogni comprensibile allegrezza; le circostanze generali in cui l'evento si realizzò furono, però, drammatiche. Il generale Bonaparte aveva concluso vittoriosamente le campagne d'Italia del 1796-97. Restava la preoccupazione per la potenza austriaca che bisognava in qualche modo tenere a bada. Per secoli l'Austria aveva desiderato impossessarsi del dominio veneto di terra e di mare; Napoleone soddisfece quel desiderio, la merce di scambio fu Venezia. Nel 1797, prima in aprile a Leoben, poi in ottobre a Campoformio, il generale firmò due trattati con un rappresentante dell'imperatore; quello conclusivo, all'articolo 6, stabiliva:

> La Repubblica francese acconsente a che Sua Maestà l'imperatore dei Romani, re d'Ungheria e di Boemia possieda in tutta sovranità e proprietà i paesi qui di seguito menzionati: l'Istria, la Dalmazia, le isole già veneziane dell'Adriatico, le bocche di Cattaro, la città di Venezia, le lagune ed i paesi compresi fra gli stati ereditari di Sua Maestà l'imperatore dei Romani, re d'Ungheria e di Boemia, il mar Adriatico, ed una linea che partirà dal Tirolo, seguirà il torrente Gardola, attraverserà il lago di Garda fino a Lacise; di là una linea militare fino a Sangiacomo, offrendo un vantaggio ad entrambe le parti, la quale sarà definita da ufficiali del genio nominati da una parte e dall'altra prima dello scambio delle ratifiche del presente trattato.

Era in pratica la fine della Serenissima sancita da colui che aveva fatto le sue guerre e celebrato le sue vittorie in nome delle virtù repubblicane e della libertà dei popoli. C'era però una contropartita, la perdita di Venezia era compensata dalla nascita della Repubblica Cisalpina come previsto dal successivo articolo 8:

Sua Maestà l'imperatore dei Romani, re d'Ungheria e di Boemia riconosce la Repubblica cisalpina come potenza indipendente. Questa repubblica comprende la ex Lombardia austriaca, il Bergamasco, il Bresciano, il Cremasco, la città-fortezza di Mantova, il Mantovano, Peschiera, la parte degli stati già veneziani ad ovest ed a sud della linea citata nell'art. 6° per la frontiera degli stati di Sua Maestà l'imperatore in Italia, il Modenese, il principato di Massa e Carrara, e le tre legazioni di Bologna, Ferrara e la Romagna.

Non era solo la fine di Venezia, nel gelido linguaggio della diplomazia si confermava l'altissimo prezzo che l'Italia intera continuava a pagare alla sua incapacità secolare di unificarsi in uno Stato nazionale. Rispetto a quelle che con linguaggio contemporaneo possiamo definire «superpotenze», il peso politico della Serenissima era ridotto a zero, infatti la città, la laguna, i possedimenti in Adriatico, buona parte del Veneto vennero giocati ai dadi sullo scacchiere internazionale.

Già il 12 maggio (1797) il governo aveva abdicato aprendo le porte della città alle truppe francesi. Scrive Samuele Romanin nella sua *Storia documentata di Venezia*: «Tempi di estremo avvilimento sotto l'aspetto illusorio di indipendenza [...]; tempi in cui tutto volevasi innovare e i reggitori della cosa pubblica, illusi o ingannatori, gareggiavano nelle vaste declamazioni, facevano del governo un teatrale spettacolo».

Possiamo dire senza paura di smentita che molte volte nella storia d'Italia questo «teatrale spettacolo» dei vari governi, questi reggitori «illusi o ingannatori» avrebbero replicato, in momenti altrettanto drammatici, le loro prove.

Ai primi di giugno la municipalità provvisoria (della quale facevano parte anche tre ebrei), sollecitata in questo senso, stabilì che le porte del ghetto dovessero essere abbattute. Il 9 luglio «anno I della Libertà Italiana», gli ebrei furono convocati per sentirsi dire che con le porte del ghetto cadeva anche «ogni aborrita separazione»; era il riconoscimento della loro piena cittadinanza fino a quel momento negata o limitata. La guardia nazionale fu incaricata materialmente di eseguire l'ordine: «La Municipalità Provvisoria [...] ha decretato che dovessero esser levate le Porte del Ghetto onte togliere quella marca di separazione tra li Cittadini Ebrei e li altri Cittadini, mentre alcuna non ve ne deve esistere». Pier Gian Maria de' Ferrari, che comandava il terzo battaglione, ci ha lasciato una colorita descrizione dei fatti:

> Non è esprimibile la soddisfazione e il contento di tutto l'accorso popolo, quale con lieti evviva di libertà non si saziava di trascinare per terra quelle Chiavi [del Ghetto] benedicendo l'ora e il punto della Rigenerazione. Fu quasi una sola cosa l'eccheggio di questi brillanti evviva e l'atterramento ad

259

una ad una delle quattro Porte sotto la direzione dell'Aiutante Goldoni che si distinse con fervore da Patrioto. [...] Nel momento che si atterravano le Porte si intrecciarono gioiose danze democratiche [...] è da rimarcarsi che ballarono anche i Rabbini vestiti alla Mosaica.

Le porte, «rotte e sfrantumate», furono portate sulla piazza del ghetto nuovo dove «con esultanti grida di gioia» vennero date alle fiamme. Nessuno sapeva, in quei giorni di luglio, che in realtà la sorte della Repubblica era già stata segnata dal primo accordo tra Francia e Austria siglato a Leoben tre mesi prima. A scatenare quella gioia incontenibile bastava la certezza che s'era conclusa l'epoca delle discriminazioni, che una nuova vita stava per cominciare.

In questa loro speranza gli esultanti abitatori del ghetto avevano ragione, tanto più che altrove quel momento non era ancora arrivato come denunciò il cittadino Massa che presiedeva la Società patriottica: «Gli Ebrei sono stati banditi da Napoli. [...] A Roma poi sono insultati, sono scherniti impunemente. [...] Gli Ebrei sono segnati a Roma come le Bestie al Mercato. [...] Grazie dunque siano rese all'Immortal Bonaparte che ruppe i ceppi della Schiavitù Italiana». Quando gridava il suo entusiasmo, il cittadino Massa probabilmente non sapeva ancora che gli occupanti francesi, tra i primi provvedimenti, avrebbero decretato nuove tasse per un totale di 870 mila ducati, un quarto dei quali a carico degli ebrei.

Il 17 ottobre il Trattato di Campoformio aveva applicazione e le truppe austriache entravano in città sostituendo il precedente contingente francese che nessuno sapeva bene se chiamare d'occupazione o di liberazione. Bastò poco a cambiare di nuovo le cose. Nel gennaio del 1798 gli ebrei persero ancora una volta la parificazione con gli altri cittadini tornando a subire alcune limitazioni da parte degli austriaci. Comunque l'umiliazione delle porte chiuse dal calar della notte all'alba non venne mai più ripristinata.

La gloria di Venezia decadde, come sempre succede, per miopia politica e per inadeguatezza di forze, ma anche di uomini. I reggitori della Serenissima non seppero vedere il mutare dei tempi né i nuovi bisogni sociali che s'affacciavano. Ridotto ad una ristretta oligarchia il governo della Repubblica pensò di rimediare chiudendosi a difesa delle condizioni esistenti. Una delle colpe maggiori che gli storici rimproverano fu, per esempio, il rifiuto di associare al governo cittadino la nobiltà di terraferma che avrebbe apportato nuove energie e più stretti legami tra la Serenissima e il suo vasto entroterra. Accadde il contrario, quei legami si allentarono, trasformandosi in ostilità. In aggiunta a tutto il resto si trovò ad essere doge un uomo irresoluto come Ludovico Manin che un cronista descrive in questi termini: «Aveva sopracciglia folte, occhi bruni e smorti, naso grosso aquilino, il labbro superiore sporgente, andatura stanca, persona lievemente inclinata. Si leggeva nell'espressione del viso l'interno sgomento, che informava e governava ogni azione». Questo non lusinghiero ritratto corrisponde alla sua indole, se possiamo giudicarlo dalle sue azioni che furono irresolute in un momento in cui sarebbe stata invece necessaria la massima energia.

Il suo nome richiama ovviamente quello assai più meritevole di Daniele Manin che curiosamente lega quest'ultima parte della storia a quella del ghetto. Daniele era di ascendenze ebraiche. Suo nonno, Samuele Medina, si era convertito insieme alla moglie Allegra Moravia (1759), nel passaggio anche lei aveva preso il nome del padrino di battesimo che era appunto Ludovico Manin. Imprigionato dagli austriaci per la sua azione patriottica, Daniele Manin fu liberato a furor di popolo (insieme a Niccolò Tommaseo) durante i moti del 1848.

Dell'ultimo doge, Ludovico Manin, abbiamo il cocente ritratto delineato da Ippolito Nievo nel suo grande romanzo *Le confessioni di un italiano*. Nievo ne sbozza l'indole tremebonda in questo rapido cenno: «Il Serenissimo Doge Lodovico Manin, passeggiando su e giù per la stanza e tirandosi le brachesse sul ventre, pronunciò quelle memorabili parole: "Sta notte no semo sicuri gnanca nel nostro letto"».

Poche pagine dopo c'è la drammatica descrizione dell'ultima seduta del Gran Consiglio nelle quali a Manin è riservata una furente invettiva:

> Il Doge s'alzò in piedi pallido e tremante, dinanzi alla sovranità del Maggior Consiglio di cui egli era il rappresentante, e alla quale osava proporre una viltà senza esempio. [...] Balbettò alcune parole

sulla necessità di accettare quelle condizioni, sulla resistenza inutile, anzi impossibile, sulla magnanimità del generale Bonaparte. [...] [Egli] seguitava a disonorare coi suoi balbettamenti sé, il Maggior Consiglio, la Patria, e non vi fu mano d'uomo che osasse strappargli dalle spalle il manto ducale, e stritolare la sua testa codarda su quel pavimento dove avevano piegato il capo i ministri dei re e i legati dei pontefici.

Giulio Lorenzetti, nel saggio *Venezia e il suo estuario* chiude con queste sconsolate parole il capitolo sulla morte della Serenissima: «Così, senza alcuna luce di eroismo, fra la pavida viltà di un'aristocrazia imbelle e corrotta e le vane illusioni di una democrazia fanatica e dissennata, la gloriosa Serenissima "ornamento d'Italia e del mondo", la cui secolare grandezza avrebbe pur meritata fine meno ignobile, inonoratamente finiva».[6]

La storia del ghetto di Venezia non riguarda solo gli ebrei, rimanda invece ad uno dei più veri e drammatici «segreti» o forse bisognerebbe definirlo «enigma» d'Italia, vale a dire le ragioni per le quali mai nella storia della Penisola sia stato concepito e portato a compimento uno di quei trattati che faticosamente, passo dopo passo, talvolta a prezzo di molto sangue, hanno proclamato esteso e garantito i diritti degli individui. Qualche tentativo per la verità c'è stato ma s'è trattato di casi sporadici, di breve durata, subito soffocati: così a Napoli nel 1799, così a Roma nel 1849. Si può pensare ciò che si vuole di Napoleone e nella sua azione non mancano certo aspetti deplorevoli. Anche il gelido calcolo in base al quale cedette Venezia all'Austria suscita una comprensibile riprovazione. Eppure fu Napoleone a portare la libertà agli ebrei di Venezia e fu anche grazie a lui che il processo d'unificazione nazionale poté finalmente avere un concreto avvio. I colpi di cannone di Marengo (giugno 1800) furono la sveglia per un'Italia addormentata da alcuni secoli.

A titolo di curiosità si può aggiungere che la battaglia di Marengo ebbe un contraddittorio svolgimento. Per buona parte della giornata parve che gli austriaci avessero vinto; anzi, fu così netta questa sensazione che il comandante austriaco generale von Melas inviò a Vienna un dispaccio con la notizia della vittoria. Poi, l'arrivo insperato del generale francese Desaix con truppe fresche rovesciò di colpo le sorti della battaglia.

Passando al melodramma, che in Italia è sempre un buon punto di riferimento, su quell'equivoco si gioca parte dell'azione di *Tosca* di Giacomo Puccini. Anche a Roma si era diffusa la notizia che a Marengo Napoleone era stato sconfitto; subito si vuole organizzare un *Te Deum* di ringraziamento. Poco dopo (i tempi sono ovviamente quelli teatrali) arriva invece la notizia del rovesciamento («Melas è in fuga») e Cavaradossi può intonare il grido famoso: «Vittoria! Vittoria! L'alba vindice appar / che fa gli empi tremar! / Libertà sorge, crollan tirannidi!».

Fin qui il melodramma il quale contiene peraltro

buone dosi di realismo dal momento che il pittore Cavaradossi e i suoi amici sono un piccolo gruppo di patrioti isolati in una città neghittosa e codarda. Se si passa alla Storia, la verità è forse peggiore: per far crollare le tirannidi e far sorgere la libertà, in Italia c'è stato spesso bisogno di un aiuto straniero; nel Paese delle massime libertà spicciole, praticate da molti fino all'arbitrio e all'abuso, le grandi libertà civili, quelle che garantiscono agli individui l'esercizio dei diritti, sono state per lunghissimi periodi, compresi i nostri giorni, trascurate e offese.

Concludo questo libro consapevole di aver omesso storie e luoghi altrettanto importanti di quelli raccontati. Mi pesa particolarmente la mancanza di Torino per tutte le ragioni non solo storiche che ne fanno una delle città più significative del Paese. Purtroppo una serie di circostanze personali ed editoriali me lo hanno impedito. Il rammarico resta forte.

La scelta di Venezia come capitolo conclusivo è consapevole, deriva dalla profonda malinconia che la triste fine della Serenissima repubblica mi ha sempre ispirato fin dagli anni della scuola. Come è potuto accadere, mi chiedevo in quel tempo lontano, che una città-Stato amministrata bene, forte nei commerci, fiera e potente militarmente, sagace nella politica, sia finita così rapidamente? Finita in quel modo poi? Ricordo che quando da ragazzo facevo escursioni sulle montagne del Trentino, capitava ogni tanto di trovare nei boschi i cippi di confine con l'emblema del leone di san Marco. Fin quassù, mi spiegavano, arrivava Venezia e questi boschi servivano a fare legname per i suoi arsenali e per la flotta. Col tempo mi sono convinto che la fine di Venezia può essere considerata un destino e che la sua scomparsa possa essere vista come modello di altre vicende della storia nazionale. Non so se uno storico sarebbe d'accordo. Sono motivazioni personali, di natura affettiva, dunque opinabili.

La Serenissima cadde per la sciagurata congiuntura di forze ostili superiori, di una classe dirigente infiacchita e divisa, di un governo inadeguato al momento, di una insufficiente consapevolezza popolare. Gli stessi fattori li ritroviamo nei disastrosi avvenimenti racchiusi nella data dell'8 settembre 1943. Non è certo un caso se, mutatane leggermente la fisionomia, li troviamo anche nell'atteggiamento con il quale i dirigenti politici in carica hanno per lunghi mesi affrontato (o non hanno affrontato) la terribile crisi economica iniziata nel 2008 definendola insignificante e comunque superata. Anzi: superata benissimo.

Questa irresolutezza non significa che gli italiani non siano capaci di alzare lo sguardo verso orizzonti larghi che permettano, almeno per un periodo, di accantonare il proprio tornaconto in nome di un interesse più generale. Permette però di dire che coloro che sono disposti a tentare di raggiungere quel livello raggiungono di rado un numero sufficiente per ottenere risultati politicamente utili.

Solo in alcune rare occasioni anche una minoranza è bastata a connotare la storia. Dopo l'infausta data dell'8 settembre, richiamata sopra, una minoranza di giovani combattendo il nazi-fascismo nei mesi della Guerra Civile (1943-1945), organizzando dove e come si poteva la Resistenza, ha restituito al Paese la dignità perduta alleandosi al regime criminale del Terzo Reich. Minoranza certo, ma sufficiente dal punto di vista sia politico sia morale, per affermare un riscatto. Uno dei pochi momenti positivi in un secolo dove hanno largamente prevalso momenti di segno opposto.

Già Voltaire, grande ammiratore della civiltà inglese, aveva letto la storia di quell'isola come lotta contro il potere dei despoti. Nelle sue *Lettres philosophiques* (Lettere filosofiche, 1734), note anche come *Lettere inglesi*, vede la guerra civile alla stregua di una guerra di liberazione nazionale dalla servitù. La filosofia di John Locke, padre dell'empirismo moderno, le scoperte di Isaac Newton cui faranno seguito (ma questo Voltaire non poteva prevederlo) quelle di un altro genio, Charles Darwin, lo avevano sedotto. Nella libertà intellettuale aveva visto la necessaria premessa a teorie o scoperte di enorme portata. Lo storico francese Gustave Lanson nel suo *Voltaire* (1906) prefando quelle *Lettere* arrivò a definirle: «La prima bomba scagliata contro l'Ancien Régime».

Nel 1688 gli inglesi avevano fatto una rivoluzione da loro stessi definita «gloriosa» (*Glorious Revolution*), nel 1776 gli americani conquistavano l'indipendenza, nel 1789 scoppia a Parigi un'altra rivoluzione che Voltaire non arriva a vedere (muore nel 1778) ma che egli stesso aveva comunque contribuito a preparare.

Allineo queste date perché mentre il mondo, al di qua e al di là dell'Atlantico, accelerava il suo movimento, nella Penisola italiana, da questo punto di vista, non accadeva nulla. Bisognerà arrivare ai moti del 1848, allo Statuto, alle Cinque giornate, al tentativo effimero di una Repubblica a Roma, perché il lentissimo risveglio cominciato (forse) con le cannonate di Marengo inizi a prendere una sua fisionomia.

Di tutti i segreti d'Italia questo è il meglio custodito e il più importante, un segreto che racchiude quasi tutti gli altri: come mai la storia della Penisola abbia avuto così poco a che fare con la storia della libertà. Molti, me compreso, si sono posti più volte la domanda. Nessuno ha la risposta definitiva ma tra le ipotesi possibili quella che a me sembra avere maggior peso – torno a ripeterlo – è nelle celebri parole di Benedetto Croce rispondendo a chi gli chiedeva che cosa sia il carattere di un popolo. Il carattere di un popolo, disse il filosofo, è la sua storia, tutta la sua storia. Se Croce ha ragione, lì dobbiamo cercare questo segreto, per imparare a riconoscerlo, e, chissà, in un domani, a correggerlo. Parole non nuove, più volte ripetute, tra gli altri da Ugo Foscolo che nell'orazione inaugurale all'Università di Pavia (22 gennaio 1809) conosciuta con il titolo *Dell'origine e dell'ufficio della letteratura*, ammoniva: «O Italiani, io vi esorto alle storie, perché niun popolo più di voi può mostrare né più calamità da compiangere, né più errori da evitare, né più virtù che vi facciano rispettare». Si può sperare che prima o poi l'esortazione venga accolta.

# Note

Una prefazione, a suo modo

1. Virgilio, *Eneide*, libro VI, versi 851-853.
2. Come si legge in *Guida ai misteri e piaceri di Palermo* di Pietro Zullino (Sugar Editore, Milano 1973) c'è anche un aspetto per cui Parma e Palermo si trovano agli opposti. Eau de Parme è una raffinata acqua di colonia così descritta: «*Lumineuse avec la fraîcheur de l'orange, de la bergamote, du romarin, et de la verveine*». Acqua di Palermo invece è una mistura velenosa a base di arsenico detta anche «acqua tofana», tanto più insidiosa in quanto insapore. Il povero Mozart sospettò di essere stato avvelenato con questa «acqua tofana», come confidò a sua moglie Costanza. Approfitto di questo richiamo agli intrecci per ricordarne un paio di natura linguistica. Palermo in arabo diventa *Balarm* così come il popolare mercato delle carni in francese «*Boucherie*» diventa «Vuccirìa»; così come, se è consentito un ulteriore ampliamento, sia la cittadina della Cisgiordania Nablus, sia Napoli derivano entrambe il loro nome dal greco Nea-polis. Non c'entra molto con il resto ma serve a capire quanto stretti siano i legami che hanno attraversato il Mediterraneo.

3. Attilio Brilli, *In viaggio con Leopardi*, il Mulino, Bologna 2000.

4. Giacomo Leopardi, *Zibaldone di pensieri*, 23 luglio 1827.

5. *Ibid.*, 30 novembre 1828.

6. *Scrittori italiani di viaggio (I. 1700-1861)*, a cura di Luca Clerici, Mondadori, Milano 2008.

7. Francesco Petrarca, *Canzoniere*, CXLVI, versi 13-14.

## Gli italiani visti da fuori

1. «*On one side of the coin was "Italy", the country of beauty and culture; on the other side were the "Italians", an ingenious but corrupt untrustworthy and licentious race.*» Lucio Sponza, *Italian Immigrants in Nineteenth Century Britain: Realities and Images*, Leicester University Press, Leicester 1988.

2. Mario Praz, *Bellezza e bizzarria. Saggi scelti*, a cura di Andrea Cane, Mondadori, Milano 2002.

3. «*Monasteries appeared as subtle and sadistic prisons, while in the churches each confessional box seemed to shade the progress of some wicked machination.*»

4. Mario Praz, *Bellezza e bizzarria. Saggi scelti*, a cura di Andrea Cane, Mondadori, Milano 2002.

5. Thomas Mann, *Doctor Faustus*, Oscar Mondadori, Milano 2004.

## Gli italiani visti da dentro

1. Italo Calvino, *Perché leggere i classici*, Mondadori, Milano 1991.

2. Mimì Mosso, *I tempi del Cuore: vita e lettere di Edmondo De Amicis ed Emilio Treves*, Mondadori, Milano 1925.

3. Umberto Eco, *Diario minimo*, Mondadori, Milano 1963.

4. *Ibid.*

5. Edoardo Scarfoglio, *Il libro di Don Chisciotte*, Liguori Editore, Napoli 1990.

6. Gabriele D'Annunzio, *Lettere a Barbara Leoni*, Sansoni, Firenze 1954.

## Leopardi a Roma

1. Alfredo Panzini, *Casa Leopardi*, Le Monnier, Firenze 1948.

2. «*Les gens d'esprit, à Rome, ont du* brio [...]. *Je ne connais pas, en Europe, de salons préférables à ceux de Rome.*»

## Palermo, al confine tra due mondi

1. «Brigante per la Francia, eroe per la Provenza.»

2. Pietro Zullino, *Guida ai misteri e piaceri di Palermo*, Sugar Editore, Milano 1973.

3. Morris Kline, *La matematica nella cultura occidentale*, Feltrinelli, Milano 1976.

4. Andrea Camilleri, *La Sicilia degli stravaganti*, «la Repubblica-Venerdì», 28 aprile 2000.

5. Federico De Roberto, Lettera a Ferdinando Di Giorgi, 16 luglio 1891.

6. Salvatore Savoia, *Giuseppe Tomasi di Lampedusa*, Flaccovio Editore, Palermo 2010.

## La scoperta del Sud

1. Anche Giovanni Belardelli affronta gli stessi argomenti in un articolo intitolato *Italie e nel 1860 il Sud divenne Africa*, «Corriere della Sera», 9 aprile 1998.

2. Giuseppe Prezzolini, *Codice della vita italiana*, capitolo IV, La Voce, Firenze 1921.

3. Tullio De Mauro, *Storia linguistica dell'Italia unita*, Laterza, Bari 1963.

4. Luigi Settembrini, *Ricordanze della mia vita*, BUR, Milano 1964.

5. Le citazioni di Stendhal che seguono sono tratte dal suo *I briganti in Italia*, Il Melangolo, Genova 2004.

6. Anche nel covo del capomafia Bernardo Provenzano – catturato nel 2006 dopo quarant'anni di latitanza – sono stati trovati immagini e simboli sacri e una Bibbia che l'uomo, arrivato solo alla seconda elementare, leggeva nella sua solitudine avendo due condanne all'ergastolo inflitte in contumacia.

7. Di questa vicenda ho raccontato per esteso in un mio libro precedente: *I segreti di New York*, Mondadori, Milano 2000.

8. Oscar de Poli, *De Naples à Palerme 1863-1864*, Dupray de la Maherie, Parigi 1865.

9. *La Relazione della Commissione d'inchiesta parlamentare intorno al brigantaggio*, in «La civiltà cattolica», ottobre-novembre 1863.

10. Massimo d'Azeglio, *I Savoia e il massacro del Sud*, Grandmelò, Roma 1996.

11. *Letture del Risorgimento italiano*, a cura di Giosué Carducci, Zanichelli, Bologna 1895.

## Il paradiso e i suoi diavoli

1. Tito Livio, *Storia di Roma dalla sua fondazione*, libro XXV, capitolo 13, trad. di Bianca Ceva, Fabbri, Milano 2008.

2. Articolo apparso su «la Repubblica», 1° agosto 1991.

3. A questi episodi si è rifatto Luigi Comencini nel finale del film *Tutti a casa* (1960) dove Alberto Sordi nel ruolo di un sottotenente dell'esercito sbandato prende il comando di un piccolo gruppo di insorti.

4. Mario Pirani, *Due Italie in Europa: una in testa e l'altra in coda*, «la Repubblica», 7 luglio 2008.

## Stetti un poco, e uscii dal mondo

1. La *Vita Beati Francisci* venne commissionata a Tommaso da Celano da papa Gregorio IX in vista della canonizzazione di Francesco che avvenne nel luglio del 1228 a soli due anni dalla morte. L'intento agiografico del testo è evidente sia nell'esaltazione delle qualità del santo, sia nella sottolineatura sicuramente eccessiva delle colpe di una cittadina come Assisi, paragonata addirittura a Babilonia. Il testo citato è quello portato in italiano contemporaneo a cura di Abele Calufetti e Feliciano Olgiati.

2. Abbiamo liberamente tradotto in italiano contemporaneo le parole di Francesco.

3. A san Francesco la storica medievista Chiara Frugoni ha dedicato diverse opere tra le quali *Storia di Chiara e Francesco* (Einaudi, Torino 2011), *Francesco e l'invenzione delle stimmate* (Einaudi, Torino 2010) e *Vita di un uomo: Francesco d'Assisi* (Einaudi, Torino 1995 e 2001).

4. Giorgio Agamben, *Altissima povertà. Regole monastiche e forma di vita*, Neri Pozza Editore, Vicenza 2011.

5. Umberto Eco, *Il nome della rosa*, Bompiani, Milano 1980/2012. Il racconto si trova al capitolo «Terzo giorno – dopo Compieta».

6. La storica medievista Chiara Frugoni che, come abbiamo visto, tanto si è dedicata alla vita del fraticello di Assisi, rileva che Francesco non fece mai cenno a queste sacre trafitture, riscontrate invece sul cadavere da frate Elia, suo vicario. Nemmeno papa Gregorio IX dovette credervi, nella bolla di canonizzazione non ne fa cenno salvo mutare opinione in un secondo tempo. La questione, complessa, e ormai irrisolvibile, può essere interpretata in vari modi. Sul piano razionale come *pia fraus* o come suggestione psicosomatica, trasferita però sul piano mistico fa comunque di Francesco il primo santo ad avere ricevuto questa cruenta e insigne distinzione.

7. Alessandro Barbero, voce «L'invenzione di san Francesco» in *Atlante della letteratura italiana*, volume I, Einaudi, Torino 2010.

8. Benito Mussolini, *Messaggio francescano*, «Arte-Luce-Parola», febbraio 1926, 1, p. 5.

9. Massimo Cacciari, *Doppio ritratto. San Francesco in Dante e Giotto*, Adelphi, Milano 2012.

## La buona duchessa

1. Franz Herre, *Maria Luigia. Il destino di un'Asburgo da Parigi a Parma*, Mondadori, Milano 1997.

2. *Ibid.*

3. *Ibid.*

4. François-René de Chateaubriand, *Memorie d'oltretomba*, libro XXII, capitolo 14, Einaudi-Gallimard, Torino 1995.

5. *Ibid.*, libro XX, capitolo 13.

6. *Ibid.*, libro XXII, capitolo 14.

7. Franz Herre, *Maria Luigia. Il destino di un'Asburgo da Parigi a Parma*, Mondadori, Milano 1997.
8. Stendhal, *La Certosa di Parma*, trad. di Franco Zanelli Quarantini, Mondadori, Milano 1979.
9. *Ibid.*
10. *Ibid.*, capitolo XVIII.
11. *Ibid.*, capitolo XXVIII.

## Milano bene e male

1. Magda Poli, *Milano in Piccolo*, Rizzoli, Milano 2007.
2. *Ibid.*
3. *Ibid.*
4. Il 9 aprile 1953, a Torvajanica, una spiaggia non lontana da Roma, venne trovato il cadavere di Wilma Montesi, una ragazza ventenne uccisa in circostanze mai completamente chiarite. La guerra era finita da otto anni, nello scandalo furono coinvolti politici di primo piano, per la prima volta l'Arma dei carabinieri venne usata strumentalmente da una delle parti (i nomi contano poco, ormai) a fini di lotta politica.
5. Carlo Galli, *I riluttanti. Le élites italiane di fronte alla responsabilità*, Laterza, Bari 2012.

## Giudizi universali

1. Apocalisse, 8,7-9.
2. Giuseppe Gioachino Belli, *Er giorno der Giudizzio*, sonetto n. 276, 25 novembre 1831.
3. Giorgio Vasari, *Vita di Michelangelo Buonarroti – Fiorentino pittore, scultore et architetto* nelle *Vite*, tomo X.
4. Claudio Magris, *Dove batte il cuore dell'Iran*, «Corriere della Sera», 5 settembre 2004.

L'invenzione del ghetto

1. Dai *Diarii* di Marin Sanudo.
2. Riccardo Calimani, *Storia del ghetto di Venezia*, Mondadori, Milano 2000.
3. *Ibid.*
4. *Ibid.*
5. *Ibid.*
6. Giulio Lorenzetti, *Venezia e il suo estuario*, Lint, Trieste 1974.

# Indice dei nomi e delle opere

# Referenze fotografiche

*Veduta della Rocca di san Leo:* Age/Marka

*Convento dei cappuccini annesso alla chiesa di santa Maria della Pace:* AGF/Scala, Firenze

*Giudizio universale, Giotto (Cappella degli Scrovegni):* Foto Scala, Firenze

*Particolare del Giudizio universale, Giotto (Cappella degli Scrovegni):* Foto Scala, Firenze

*Particolare del Giudizio universale, Michelangelo Buonarroti (Cappella Sistina):* Foto Scala, Firenze

*Particolare del mosaico bizantino della basilica di santa Maria Assunta a Torcello:* Archivio RCS

*Sposalizio di san Francesco con Madonna Povertà, Giotto (Basilica superiore di Assisi):* Foto Scala, Firenze

*San Francesco e papa Onorio III, Giotto (Basilica superiore di Assisi):* Archivio RCS

*Quadro barocco del processo a Galileo Galilei:* Archivio RCS

*Riduzione scenica della* Vita di Galileo, *Teatro Piccolo 1962-63:* Archivio RCS

*Sinagoga Levantina (Venezia):* 2012. Mark E. Smith /SCALA, Firenze

*Mappamondi di Vincenzo Coronelli:* SIPA/Olycom

*Particolare del mappamondo di Vincenzo Coronelli con dedica a Luigi XIV:* Larrieu Christian Bridgeman Art Library/ Archivi Alinari

*Veduta della rocca di Spoleto:* Tips Images

*Congresso di Vienna, Jean-Baptiste Isabey:* Archivio RCS

*Battaglia di Marengo, Louis François Lejeune:* RMN (Château de Versailles) / Daniel Arnaudet / Jean Schormans/distr. Alinari

*Frontespizio di* Cuore*:* Fototeca Storica Nazionale Ando Gilardi

*Giuseppe Garibaldi a Caprera:* Archivio RCS

*Benito Mussolini a Campo Imperatore:* Archivio RCS

*Le quattro giornate di Napoli:* Publifoto/Olycom

*Prima pagina del «Corriere della Sera» del 9 settembre 1943:* Archivio RCS

*Firma della Costituzione italiana:* Archivio RCS

*La Scala dopo i bombardamenti:* Publifoto/Olycom

*Concerto dell'11 maggio 1946 diretto da Arturo Toscanini:* Publifoto/Olycom

# Indice generale

Finito di stampare nel gennaio 2021 presso
Grafica Veneta - via Malcanton 2 - Trebaseleghe (PD)
Printed in Italy